Estudio bíblico

A LA IMAGEN DEL PADRE

PRINCIPIOS DE PATERNIDAD BÍBLICA PARA SEMBRAR LA PALABRA EN EL CORAZÓN DE TUS HIJOS

RAFY GUTIÉRREZ

Lifeway Recursos
Brentwood, Tennessee

Publicado por B&H Español © 2025

ISBN: 9798384546702
Ítem: 005854831

Clasifíquese: ESTUDIOS BÍBLICOS, GUÍA DE ESTUDIO BÍBLICO

Para hacer un pedido de copias adicionales de este recurso, llame al
1 (800)257-7744, visite nuestra página, www.lifeway.com
o envíe un correo electrónico a recursos@lifeway.com. También puede adquirirlo o solicitarlo en su librería cristiana favorita.

Impreso en los Estados Unidos de América

Lifeway Recursos
200 Powell Place, Suite 100
Brentwood, TN 37027-7707

EQUIPO EDITORIAL, LIFEWAY RECURSOS

CONTENIDO

SOBRE EL AUTOR

Rafy Gutiérrez posee una licenciatura en Administración de Empresas y maestrías en Finanzas corporativas, Estudios bíblicos y Teología. Asimismo, tiene un doctorado en Ministerio (DMin) del Seminario Teológico Bautista Midwestern en Kansas City, Misuri Actualmente está realizando estudios de doctorado en Filosofía (PhD) con énfasis en Eclesiología.

Rafy fue el fundador del Ministerio Padre de corazón y ejerció la responsabilidad de director ejecutivo de este ministerio, así como también del Ministerio Internacional Abiding Fathers por siete años. Ha impartido talleres y conferencias sobre el rol del padre en Cuba, Puerto Rico, España, Sudamérica, México, Europa y en varias ciudades en Estados Unidos. Actualmente dicta talleres y conferencias sobre paternidad y familia.

Rafy es profesor adjunto en el Seminario Teológico Bautista de Midwestern en Kansas City, Misuri, donde enseña en el programa doctoral y de maestría.

Rafy y su esposa, Ernestine (Ernie), se mudaron a la zona norte de Dallas, Texas, desde Puerto Rico en 1995. Tienen dos hijas casadas, Amy y Wendy, y dos amados nietos, Coral y Joel. Fue ordenado pastor en marzo del 2016.

INTRODUCCIÓN

¿Qué dice la Biblia sobre la paternidad? ¿Está el rol del hombre limitado únicamente a procrear, proveer y proteger? ¿Está llamado el hombre a ser el pastor y el líder espiritual de la familia? ¿Puede redimirse la paternidad en medio de un mundo quebrantado? ¿Puede una relación irreconciliable con el padre o los hijos ser restaurada? ¿Cuál ha de ser el legado de cada padre para sus hijos? ¿Cuál es el rol de los abuelos? Estas y muchas otras son las preguntas que están en mi corazón y que me han hecho en varios de los talleres y las conferencias de paternidad que he tenido el privilegio de impartir en diversos países.

En una conversación reciente, muy amena por cierto, con un maestro en el área de Dallas, Texas, surgió en varias ocasiones el tema de la paternidad, en específico el de la paternidad en la Escritura, el cual se considera un asunto complicado. El maestro enfatizó repetidas veces que él ve la paternidad con una perspectiva generacional, y el diálogo se concentró en la paternidad y su impacto en las generaciones, desde la creación, y en específico desde Abraham, como «padre de muchedumbre de gentes» (Génesis 17:5), hasta el presente. De ahí surge la pregunta: ¿cuál es el impacto del padre en las presentes y las futuras generaciones?

En la Biblia encontramos relatos y referencias sobre la fe generacional, una fe transmitida a los hijos y a los hijos de los hijos. El mensaje de Moisés en el libro de Deuteronomio es un ejemplo claro: «Estos, pues, son los mandamientos, estatutos y decretos que Jehová vuestro Dios mandó que os enseñase, para que los pongáis por obra en la tierra a la cual pasáis vosotros para tomarla; para que temas a Jehová tu Dios, guardando todos sus estatutos y sus mandamientos que yo te mando, tú, tu hijo, y el hijo de tu hijo, todos los días de tu vida, para que tus días sean prolongados» (Deuteronomio 6:1-2).

De igual manera, el Salmo 78 apunta hacia el mandato de Moisés en Deuteronomio: «No las encubriremos a sus hijos, contando a la generación venidera las alabanzas de Jehová, y su potencia, y las maravillas que hizo. Él estableció testimonio en Jacob, y puso ley en Israel, la cual mandó a nuestros padres que la notificasen a sus hijos; para que lo sepa la generación venidera, y los hijos que nacerán; y los que se levantarán lo cuenten a sus hijos, a fin de que pongan en Dios su confianza, y no se olviden de las obras de Dios; que guarden sus mandamientos, y no sean como sus padres, generación contumaz y rebelde; generación que no dispuso su corazón, ni fue fiel para con Dios su espíritu» (Salmo 78:4-8).

Lo vemos en las advertencias de los profetas, por ejemplo, la de Malaquías, cuando anunció que el Señor enviaría al profeta Elías: «Sus predicaciones harán volver el corazón de los padres hacia sus hijos y el corazón de los hijos hacia sus padres. De lo contrario, vendré y haré caer una maldición sobre la tierra» (Malaquías 4:6, NTV).

Vemos la fe humilde transmitida por parte de Loida y Eunice a Timoteo: «Me acuerdo de tu fe sincera, pues tú tienes la misma fe de la que primero estuvieron llenas tu abuela Loida y tu madre, Eunice, y sé que esa fe sigue firme en ti» (2 Timoteo 1:5, NTV).

Debemos reconocer que esta fe generacional no surge de manera automática; no se da por el simple acto de sentarnos en las bancas de la iglesia el domingo durante el servicio de adoración ni por asistir a la Escuela Dominical por 45 minutos a la semana. No es un asunto de transmisión de información; es un asunto de transformación. Se trata de un corazón nuevo y transformado por Cristo. Requiere intencionalidad y compromiso de cada uno de nosotros, como también requiere reconocer que tendremos algunas fallas en el proceso y necesitamos ayuda y apoyo de otros que ya han corrido largas millas en la carrera de la paternidad. Entonces, ¿qué podemos hacer, como individuos, en nuestro llamado solemne como padres? ¿Qué puede hacer la iglesia local en la capacitación y el apoyo a los hombres para que sean padres a la imagen de Dios?

El propósito de este estudio bíblico es ayudar, ya sea de manera individual o grupal, a tener un mejor conocimiento sobre la paternidad bíblica. No es mi intención presentar una serie de temas desde una perspectiva académica ni mucho menos sociológica o psicológica. Tampoco pretendo cubrir todos los temas que se presentan en los talleres y conferencias sobre paternidad o aquellos relacionados con la gran cantidad de preguntas que surgen en dichos eventos. Estos temas los podemos tratar en próximas publicaciones.

Quiero traer a tu consideración una serie de principios bíblicos sobre la paternidad que sean prácticos, relevantes, entendibles y aplicables en tu vida diaria. En los capítulos 1 al 7 encontrarás una serie de preguntas diseñadas para motivar una discusión amena del tema presentado; las puedes contestar en forma individual o grupal. En los capítulos 8 al 11 presento algunos temas relacionados con la paternidad que considero pertinentes para incluir en esta publicación.

Mi deseo es que no solamente leas este libro de manera individual, sino que también te sirva de motivación para ser estudiado en tu ministerio de hombres o para la formación de un ministerio de hombres en tu iglesia.

Desde ya estoy orando por cada uno de ustedes, mis queridos lectores, para que sus corazones sean abiertos por el Señor, sus mentes sean expandidas y puedan experimentar el amor y la gracia de Dios en sus vidas como padres, abuelos, futuros padres o figuras paternas.

¿Están listos? Vamos pa'l cafecito...

SÉ AGRICULTOR Y pastor

SESIÓN UNO

Yo lo he hecho. Lo más seguro es que tú también. Cuando conocemos a alguien por primera vez, luego del intercambio formal de nombres, buscamos cómo entablar una conversación. Queremos conocer un poco más de la persona. Entonces viene la pregunta clásica: «¿A qué te dedicas?».

Nunca preguntamos: «Primeramente, ¿quién eres?», no en términos de su nombre o por lo que hace, sino para saber quién es él o ella en realidad. «¿Cuál es tu identidad? ¿Quién eres?». Sonaría un poco brusco, ¿no crees? Yo pienso que la cultura ha establecido que la identidad del hombre es definida por lo que hace y no por lo que es. Es definida por el oficio o la profesión: ingeniero, abogado, profesor, plomero, electricista, etc. Incluso relacionamos el comportamiento o la forma de ser con las características del oficio o la profesión. «Es un abogado y todo lo ve desde el punto de vista legal». «¿Qué esperas? Es pastor. ¡Te predica porque te predica!». ¿Estarías de acuerdo conmigo?

El relato de la creación del hombre en Génesis no solo muestra claramente la importancia de la vida otorgada al hombre creado a imagen y semejanza de su Creador, sino también la identidad que le fue conferida por Dios mismo. Es importante señalar que antes de que la autoridad de «señorear y gobernar» (lo que harían) fuese conferida al hombre y la mujer, Dios mismo había declarado la identidad que tendrían:

> **«Entonces dijo Dios: Hagamos al hombre a nuestra imagen, conforme a nuestra semejanza...» (Génesis 1:26).**
>
> ---------------------------------

El autor del libro de Génesis expande esta declaración de Dios al decir:

> «Y creó Dios al hombre a su imagen, a imagen de Dios lo creó; varón y hembra los creó» (Génesis 1:27).
>
> -----------------------------

En estos breves textos vemos que luego de que se anunciara la decisión de crear al hombre y a la mujer, se declara la identidad que tendrían, como también su relación especial con Dios, la cual los distingue de todos los otros seres vivientes. Luego de que se otorga esa identidad, *el ser, quienes son*, se establece lo que harían, *el hacer*. Después de otorgar la identidad se da el mandato de ejercer dominio sobre lo creado en tierra, mar y aire. Esta imagen y semejanza, esta identidad, no es para reflejarse exclusivamente en la iglesia en los días y horarios en que nos congregamos, sino también en todas las esferas de nuestra vida: el hogar, el colegio, el trabajo, la iglesia, en fin… en todo.

El ser humano fue creado por Dios con la habilidad de relacionarse con Él y de ser un administrador, un mayordomo, de todo lo creado. Por lo tanto, tenemos la capacidad para razonar, hablar, amar, enseñar, escuchar, disciplinar, bendecir, proteger, administrar, liderar, entre otros atributos comunicables o transferibles de Dios y otorgados por Él. ¿Puedes relacionar estos atributos en la dinámica de tus esferas diarias? ¿Puedes relacionar estos atributos en tu rol como papá?

Ahora, vayamos al momento en que Dios *pone al hombre en el huerto* y le da dos responsabilidades específicas con relación a lo que tendría que hacer. Escucha lo que dice el autor de Génesis:

> «Tomó, pues, Jehová Dios al hombre, y lo puso en el huerto de Edén, para que lo labrara y lo guardase» (Génesis 2:15).

A continuación, tomaremos tiempo para adentrarnos en el idioma hebreo, sin que nos cause migraña, para definir, interpretar y aplicar dos palabras claves de Génesis 2:15.

ESTUDIO 1

«Tomó, pues, Jehová Dios al hombre, y lo puso en el huerto de Edén, para que lo labrara y lo guardase» (Génesis 2:15).

En el idioma original hebreo, los verbos de acción (hacer) que encontramos en Génesis 2:15 son *abád* (labrar) y *shamár* (guardar). El primero se puede traducir como «trabajar, servir, adorar, cultivar, afanarse, hacer, esforzarse de manera considerable e intensa en una tarea o función».[1] Por lo tanto, contrario a la creencia popular, antes de caer en desobediencia y que entrara el pecado, Dios mismo le había dado al hombre el mandato de trabajar. El trabajo no es resultado del pecado ni mucho menos una maldición, aunque hay quienes viven convencidos de que lo es.

Cuando Dios puso al hombre en el huerto, después de afirmar que todo lo que había hecho era bueno en gran manera (Génesis 1:31), le dio la responsabilidad de trabajarlo, servirlo, cultivarlo, tarea que debía realizar con afán y propósito. Entonces, podemos observar que con este mandato Dios mantiene la bendición que le dio al hombre y a la mujer en Génesis 1:28:

«Y los bendijo Dios, y les dijo: Fructificad y multiplicaos; llenad la tierra, y sojuzgadla, y señoread en los peces del mar, en las aves de los cielos, y en todas las bestias que se mueven sobre la tierra».

La primera tarea de trabajar, cultivar, servir, cumple con el propósito de Dios de hacer al hombre colaborador en el cuidado de la creación. El hombre ha de trabajarlo con el propósito en mente de servir, honrar y glorificar a Dios. De la misma manera, Dios le da la tarea al hombre de ser buen administrador, un mayordomo de la creación. Es una gran tarea que va de la mano con la de «guardar el huerto», que analizaremos más adelante. Vemos en estas dos responsabilidades la asignación vocacional dada al hombre por parte de Dios mismo. Podemos decir que Dios asigna al hombre la responsabilidad de agricultor (labrar) y pastor (guardar).

El trabajo es parte de la imagen de Dios en el hombre; Dios trabajó seis días en la creación, y cuando hizo al hombre, lo hizo para que también trabajara. El hombre se realiza a través del trabajo y se siente bien consigo mismo. El trabajo no es una vergüenza, sino que es parte de la dignidad del hombre.[2]

Mi apreciado hermano, Dios te ha otorgado la tarea de ser «agricultor» de tu huerto. Hombre, esposo, padre: estás en el lugar preciso que Dios te ha puesto para laborar afanosa e intencionalmente el huerto, es decir, tu hogar. Esa labor requiere que pongas todo tu esfuerzo para trabajarlo diariamente.

PREGUNTAS PARA REFLEXIONAR

1. ¿Cuál es el propósito del trabajo en tu vida? ¿Por qué y para quién trabajas?

2. ¿Crees que podemos glorificar a Dios a través de nuestro trabajo sea cual sea?

3. ¿Cómo podemos aplicar la idea de «labrar» en nuestras propias vidas y en nuestra relación con Dios?

4. ¿De qué manera este pasaje nos desafía a ver nuestro trabajo y nuestras responsabilidades como parte del plan de Dios?

ESTUDIO 2

«... y lo guardase».

El segundo verbo de acción (hacer) que veremos para ayudarnos a entender e interpretar la tarea dada por Dios al hombre en Génesis 2:15 es «guardase». El verbo hebreo *shamár* se traduce «guardar, cuidar, conservar, vigilar, acechar, encargarse de, reservar».[3] El Diccionario de idiomas bíblicos nos da unas definiciones interesantes de este verbo que arroja más luz sobre la tarea que se le dio al hombre en el huerto. Este diccionario define este verbo hebreo como «hacer que un estado o condición permanezca como tal. Vigilar, mirar, o sea, limitar el acceso y el movimiento de personas y objetos dentro y fuera de una zona, implica protección de o sobre un objeto que se está guardando. Obedecer un mandamiento con diligencia y en detalle. Ser cuidadoso, tener cuidado, prestar atención, asegurarse, vigilarse uno mismo, guardarse uno mismo, o sea, aprender o recordar información y tener cuidado de prestar atención ante posibles peligros».[4]

¿Te fijas? Al poner al hombre en el huerto, Dios primeramente le da la tarea de trabajarlo afanosamente, de ser un buen administrador de lo creado, de servir, honrar y adorar a Dios a través de su trabajo. Ahora le da la responsabilidad de guardar, proteger o vigilar el huerto de manera que permanezca en su estado original; «bueno en gran manera». Debía obedecer esta tarea con diligencia y en detalle. Adán tenía que ser cuidadoso en todo lo que se le había asignado, vigilándose a sí mismo, a su esposa, a lo creado por Dios y prestando atención ante posibles peligros.

Es como si Dios le hubiera dicho: «Adán, escúchame, yo he creado todo esto para que lo disfruten tú, Eva, tus hijos y los hijos de tus hijos. Lo hice bueno en gran manera para ti. Te corresponde a ti trabajarlo y guardarlo de modo que se mantenga en su estado original, tal y como yo lo hice. Vas a vigilarlo, vas a limitar el acceso y los movimientos de todo lo que pueda ser o representar peligro. Vas a proteger el huerto donde te he puesto».

El mandato de «guardar», en el sentido de «permanecer vigilante», lo encontramos a través de las páginas de la Palabra de Dios:

«Por tanto, guárdate, y guarda tu alma con diligencia, para que no te olvides de las cosas que tus ojos han visto, ni se aparten de tu corazón todos los días de tu vida; antes bien, las enseñarás a tus hijos, y a los hijos de tus hijos» (Deuteronomio 4:9).

«Velad, estad firmes en la fe; portaos varonilmente, y esforzaos» (1 Corintios 16:13).

«Sed sobrios, y velad; porque vuestro adversario el diablo, como león rugiente, anda alrededor buscando a quien devorar» (1 Pedro 5:8).

PREGUNTAS PARA REFLEXIONAR

1. ¿Cómo crees que el hombre debe llevar a cabo su tarea de «guardar» su hogar?

2. ¿Cómo se relacionan los tres pasajes asignados (Deuteronomio 4:9, 1 Corintios 16:13 y 1 Pedro 5:8) para leer con este estudio sobre «guardar el huerto»?

3. Ante el acelerado avance de la tecnología, los medios sociales, etc., ¿qué pasos debes tomar para prestar atención ante los posibles peligros que esto puede traer?

ESTUDIO 3

Cuando pensamos en la responsabilidad de ser buenos protectores y proveedores, por lo general nos enfocamos en proveer bienes materiales o físicos. Es correcto pensar que necesitamos trabajar arduamente con el propósito de proveer el alimento diario, la vestimenta, la vivienda y otras necesidades básicas para nuestras familias. En ocasiones nos encontramos con el conflicto de proveer para satisfacer las necesidades diarias y de esforzarnos para cumplir con «deseos» o «caprichos». Entonces, ¿qué debemos proteger y proveer? He aquí algunas áreas que son de importancia y prioridad:

Seguridad: Es importante señalar que parte de nuestro trabajo es proporcionar a nuestros hijos el sentido de seguridad que ellos necesitan. Es nuestro deber proporcionarles no solamente un lugar seguro de vivienda, sino también enseñarles a mantenerse alejados de la maldad y de personas que constituyan una amenaza para su seguridad. Por ejemplo, la ubicuidad de Internet y las redes sociales se ha convertido en una constante amenaza a las familias, y en especial a nuestros hijos. En un reciente artículo publicado en el periódico *El Nuevo Día* de Puerto Rico se afirmó: «La generación alfa, nacidos entre 2010 y 2024, ha crecido inmersa en pantallas digitales y bajo la presión social de *influencers*, tendencias, retos virales, ciberacoso, realidad artificial y hasta noticias falsas que, en conjunto, tienen el potencial de afectar el desarrollo de su identidad y su masculinidad saludable, en la que puedan expresar sus emociones sin ser violentos».[5]

Bienestar emocional: Hoy en día, los niños enfrentan fuertes presiones, muy diferentes de las que nosotros experimentamos en nuestra niñez. Las presiones del mundo tienen el potencial de robar a nuestros hijos su autoestima y hasta la alegría por la vida. Nuestro trabajo es proveer de un ejemplo saludable, y enseñarles lo que es una vida emocionalmente sana. También tenemos la responsabilidad de enseñar a nuestros hijos la forma correcta de vivir; demostrarles el camino que los llevará a la vida y el propósito que Dios tiene para ellos; que disfruten de una vida libre de delitos, adicciones y abusos; inculcarles una serie de principios que los ayuden a prosperar en la vida y andar dignos de Dios.

Protección mental: Nuestros hijos pueden llegar a hacerse daño a sí mismos o pueden ser dañados psicológicamente por otros. Solamente tenemos que ver las tristes noticias de jóvenes y adolescentes que se quitan la vida por el acoso cibernético y otras razones. Es posible que se sientan mal de sí mismos por haber obtenido una mala calificación o por haber sido causa de burla en la escuela. Debemos proporcionar a nuestros hijos apoyo y protección para ayudarles a ver que su identidad no está ligada a situaciones externas.

Protección espiritual: Los hogares están bajo constante ataque del enemigo que «como león rugiente, anda alrededor buscando a quien devorar» (1 Pedro 5:8). Debemos primeramente protegernos de lo que vemos y escuchamos a través de los medios de comunicación, incluyendo los medios sociales, pues estamos expuestos a diario a la distracción que nos ofrece el internet, arrastrándonos a lugares peligrosos, tanto para los hijos como para los padres.

Tal vez te acuerdes de una canción infantil que trata de este tema. Sí, es una canción para niños, pero sus palabras también nos competen:

Diosito vive en mi corazón,
Cuidado mis ojitos al mirar,
porque Dios arriba está y a todos mirará.
Cuidado mis ojitos al mirar.

Cuidado mi boquita al hablar,
porque Dios arriba está y todo escuchará.
Cuidado mi boquita al hablar.

Cuidado mis oídos al oír,
porque Dios arriba está y todo escuchará.
Cuidado mis oídos al oír.

Cuidado mis manitas al tocar,
porque Dios arriba está y a todos mirará.
Cuidado mis manitas al tocar.

Cuidado mis piecitos al andar,
porque Dios arriba está y Él me mirará.
Cuidado mis piecitos al andar,
Diosito vive en mi corazón.

Somos pastores de nuestra familia. Nos corresponde intervenir por ella y cuidarla. Al fin de cuentas, la protección es más que proveer un techo y cuatro paredes; conlleva tener las herramientas que los protejan física, emocional y espiritualmente.[6]

PREGUNTAS PARA REFLEXIONAR

1. ¿Te encuentras trabajando excesivamente para cumplir «deseos» y «caprichos»?

2. ¿Qué le dirías a tus hijos cuando no puedes complacer un deseo o capricho inmediatamente?

PARA MEDITAR

Los antiguos recipientes del libro de Génesis podían fácilmente relacionarse con el mensaje del mismo. En el texto de Génesis 2:15 podemos apreciar dos oficios que eran comunes y corrientes en el pueblo hebreo: agricultores y pastores. El agricultor tenía la gran responsabilidad de preparar y cultivar la tierra con mucho cuidado y amor, siempre mirando al fruto que era producto de la semilla que había sembrado. El pastor tenía la responsabilidad de velar, proteger su rebaño mientras lo llevaba por verdes prados.

Las tareas de labrar y guardar están vigentes hoy día. Dios te ha puesto en un huerto, tu hogar, y es tu responsabilidad laborar con esmero y custodiarlo, guardarlo de manera que glorifique a Dios, y protegerlo de todo ataque del enemigo y todo lo que quiera desviar lo bueno en gran manera del diseño original de Dios. Sin embargo, no podemos hacerlo por nuestras propias fuerzas. Necesitamos contar con nuestro Dios Padre, el Labrador (Juan 15:1), con Su amado Hijo Jesucristo, el Buen Pastor (Juan 10:11-15) y con el poder y el fruto del Espíritu Santo (Gálatas 5:22-23) para llevar a cabo tan digna tarea como papá.

CONVERSA CON EL
Creador del huerto

SESIÓN DOS

> Dios les ha confiado a los padres un encargo sumamente solemne que, a pesar de ello, es un precioso privilegio. No exageramos si decimos que en sus manos están depositadas la esperanza y la bendición o, por el contrario, la maldición y la plaga de la siguiente generación. Sus familias son los viveros tanto de la Iglesia como del Estado, y de la forma que se cultiven ahora, así serán sus productos futuros. ¡Oh, cuánta oración y cuánto cuidado deberías emplear en el desempeño de lo que se te ha encomendado, tú que eres padre!
>
> —Arthur W. Pink (1886-1952), pastor, maestro itinerante de la Biblia.[7]

Hay quienes han afirmado que tengo una «buena mano» para sembrar. Cuando tengo la oportunidad de trabajar en el jardín de mi casa reconozco que la tierra, las semillas o las plantas, el sol y el agua son elementos dados por Dios. Mi función es realizar la tarea con mucho cuidado y amor, y asegurarme de que las plantas sean nutridas debidamente. No soy el dueño, solo soy el «jardinero» y, aunque tú no lo creas, mientras estoy en la tarea de sembrar, estoy hablando con el verdadero Dueño del jardín para que las plantas crezcan saludables y preciosas.

Dios nos ha dado la capacidad de comunicarnos con Él, el Creador del huerto, el Labrador (Juan 15:1), a través de la oración. Así como respirar es esencial para la vida del ser humano, la oración es esencial y necesaria en la vida del cristiano.

La oración resulta ser un tema complejo para muchos hombres. Y sin embargo, es una de las disciplinas espirituales más retadoras. Sabemos que la oración es importante y necesaria para la vida cristiana. Hablamos de ella en los estudios bíblicos, las predicaciones, los devocionales; queremos orar, la incluimos en nuestra lista de tareas diarias, en nuestras resoluciones al inicio del año. Sin embargo, batallamos en tomar el tiempo para orar, y cuando lo hacemos nuestras mentes se van en un viaje de distracción o nos ocupamos en otras tareas que tenemos para el día. Esto puede hacernos sentir decepcionados con nosotros mismos al no cumplir con el tiempo de oración y de inmediato justificamos el por qué fallamos en esta disciplina. El asunto se torna peor cuando escuchamos una predicación, un devocional o cuando leemos un libro o porción de un libro, como ahora, que trata sobre el tema de la oración y nos invita a ser hombres de oración. Deseamos entonces elevar una oración para que no se descubra cuánto fallamos al no orar «sin cesar».

Sin tener que entrar en un estudio complicado o una tesis extensa, veamos primero qué es la oración.

La oración es compartir, hablar, comunicarnos con Dios de forma íntima y natural. Le comunicamos a Dios, ya sea de forma individual o grupal, nuestras inquietudes, preocupaciones y necesidades. Hay quienes indican que la oración debe incluir actos de confesión, gratitud, alabanza, adoración y asombro hacia Dios.

La oración trae cambios. A través de esa conversación íntima con el Creador del huerto, el Labrador, nos vamos transformando a la imagen de Cristo. Ahora, es claro que, si no estamos dispuestos a cambiar, entonces abandonamos la disciplina de la oración, así como se abandona la disciplina de llevar una dieta saludable o hacer ejercicios, que ha de resultar en cambios favorables en nuestra vida física.

Orar debe ser un principio de vida que no se limita a una hora específica del día, el lugar, la rutina religiosa o las circunstancias, sino más bien a la disposición de nuestro corazón. La oración es el alma del caminar del cristiano con Dios. «Ser un cristiano sin oración es tan imposible como estar vivo sin respirar».[8] Cuando oramos y en verdad entregamos nuestro corazón, comenzamos a buscar la voluntad de Dios en todos los aspectos de nuestra vida y la oración se convierte en parte esencial de nuestro diario vivir.

Mi querido lector, no hay fórmula específica para la oración. Algunos sugieren que recordemos mantener un enfoque sano de adoración, confesión y acción de gracias delante de Dios, en vez de solamente llevar nuestra lista de peticiones ante Él.

Aquí te comparto algunos puntos importantes sobre la oración y la disciplina espiritual de la oración diaria:

- Nos da la oportunidad de compartir con Dios todos los aspectos de nuestra vida.

- Nos da la oportunidad de expresar gratitud por las cosas en la vida que Él provee.

- Proporciona la oportunidad para confesar y arrepentirnos de nuestros pecados.

- Es un acto de adoración y obediencia.
- Es una forma de reconocer quién está realmente en control de nuestra vida.

Para mí, la oración es el tiempo para derramar mi corazón ante Dios con todas mis cargas, inquietudes, preocupaciones, dudas, batallas; pero también es el tiempo en silencio para escucharle, buscar Su voluntad y ser agradecido por todas Sus bendiciones y provisiones, incluyendo el cafecito de la mañana.

Sobre la oración, Billy Graham dijo: «…hemos llegado a un punto en el que muchas personas consideran la oración como una tradición venerable. No tenemos el sentido de buscar un verdadero acercamiento con Dios, sino, más bien, de cumplir con la oración como una mera formalidad. Pero ¿cómo podemos seguir adelante si no hacemos un nuevo énfasis en la oración?».[9] Entonces, enfatizo que la oración, como disciplina espiritual, ha de ser un estilo de vida más que un simple programa o una tarea a realizar a diario.

Tal vez lo has experimentado varias veces, pero si aún no es así, te puedo asegurar que te ha de suceder. Tendrás momentos en que te sentirás tan sobrecargado, agobiado, confundido que pensarás que Dios no escucha tu oración; vas a sentir que no encuentras las palabras para expresar lo que está en tu abrumado corazón. Sin embargo, te puedo asegurar que Dios escucha la oración que está en tu corazón aun cuando no la puedas expresar verbalmente. La Biblia dice:

> **«… el Espíritu Santo nos ayuda en nuestra debilidad. Por ejemplo, nosotros no sabemos qué quiere Dios que le pidamos en oración, pero el Espíritu Santo ora por nosotros con gemidos que no pueden expresarse con palabras» (Romanos 8:26, NTV).**

Me ha sucedido más de una vez. Momentos en que me he sentido tan abrumado, sobrecargado, decepcionado, que no encuentro las palabras para expresar todos mis sentimientos. Sin embargo, al llegar en oración ante mi Padre Celestial, el dueño del huerto, he sentido que desde lo más profundo de mi corazón han salido gemidos de dolor que sin entenderlos derraman todo mi ser delante del Señor.

Permíteme compartir contigo algunas ideas para la formación de sólidos hábitos de oración, que lleguen a constituirse en una prioridad en tu vida:

1. Sé genuino, natural y espontáneo en tu oración. La oración no tiene que estar llena de «palabrerías de domingo» ni se debe hacer con el propósito de impresionar a otros (Mateo 6:7-8).

2. Aprovecha la oportunidad que Dios provee para orar por otros. Seamos intencionales en la oración; abandonemos nuestra propia agenda para acomodarnos a la agenda de Dios. Por supuesto, debemos ser prudentes y atentos a lo que está sucediendo a nuestro alrededor.

3. Seamos específicos en nuestras peticiones. Creo que muchos conocen la historia de cuando se le pidió a un hermano, muy conocido por sus largas oraciones, que orara por los alimentos. Cuando por fin terminó de orar, todos en la mesa habían terminado de comer y habían salido del comedor. Una de mis primeras lecciones sobre la oración corporativa se conoce como la oración ABC: audible, breve y centrada en Cristo.

4. Que nuestras peticiones sean conforme a la voluntad de Dios (1 Juan 5:14). Como mencioné anteriormente, cuando la oración se convierte en parte esencial de nuestro diario vivir, anhelamos buscar la voluntad de Dios que es «buena [...], agradable y perfecta» (Romanos 12:2b).

5. Derrama todo tu corazón en la oración. Nuestro amado Padre celestial, como un Padre amoroso, quiere escucharte, quiere conocer tus inquietudes, tus dudas, tus preocupaciones, tus molestias, tus alegrías, tus sueños, todo lo que está en tu corazón, ¡todo! Es cierto, Dios sabe lo que está en tu corazón (Mateo 6:8), pero también quiere escucharlo de tu parte (Marcos 10:51).

«Si solamente oras cuando estás en problemas, estás en problemas».
—Anónimo

PREGUNTAS PARA REFLEXIONAR

1. ¿Qué imágenes vienen a tu mente cuando escuchas las palabras «orar» u «oración»?

2. ¿Qué papel jugó la oración en la vida de tu familia cuando crecías?

3. ¿Cómo crees que reaccionarían tus hijos y tu esposa si te ven orando?

> «Si Dios no es prioridad en nuestra mente y esfuerzos por la mañana, ocupará el último lugar el resto del día».
>
> —E. M. Bounds

ESTUDIO 4

EL GÉNESIS DE LA ORACIÓN COLECTIVA

Podemos pensar que la oración siempre ha existido tal como existe hoy día, pero la realidad es que no ha sido así. En Génesis 4:26, el relato bíblico nos presenta el primer cambio importante en el pueblo de Dios. Vemos que Adán y Eva hablaron libremente con el Señor, cara a cara, en el huerto (Génesis 3:8). Sin embargo, más adelante vemos que luego de la caída del hombre se dio un cambio significativo y «los hombres comenzaron a invocar el nombre de Jehová».

En Génesis se menciona por primera vez el acto de adoración y oración realizado por la gente. En este caso, el autor hace referencia al nacimiento de un hijo:

> **«Y a Set también le nació un hijo, y llamó su nombre Enós. *Entonces los hombres comenzaron a invocar el nombre de Jehová*» (Génesis 4:26, énfasis añadido).**

No podemos pasar por alto que el autor incluyera la frase «invocar el nombre de Jehová» en su relato, lo cual nos debe llevar a pensar no solamente en qué podría haber ocasionado esta respuesta en cuanto a la relación de la humanidad con Dios, sino también en su importancia y su significado.

El término «invocar» encuentra su origen en la palabra hebrea *cará* que se traduce como *invocar, llamar, solicitar ayuda*. Entonces vemos en este texto bíblico que los hombres dan comienzo a invocar, a orar, el nombre de Jehová como un llamado o solicitud de ayuda. La Biblia guarda silencio en cuanto a qué dio inicio a esta «nueva relación» de invocar a Dios, pero sí sabemos que la gente reconoció a Jehová como su único Dios y a quien recurrir por ayuda. El texto señala que, en ese momento, las personas comenzaron a reconocer su dependencia de Dios. En el contexto de Génesis, esta acción de «invocar el nombre de Jehová» marca el comienzo de la adoración y la oración comunitaria más profunda y significativa, y reconoce la presencia de Dios en sus vidas. Hay quienes señalan que este momento también es significativo ya que resalta el desarrollo de las prácticas religiosas que están presentes en todo el relato bíblico.

PREGUNTAS PARA REFLEXIONAR

1. ¿Qué podemos aprender sobre la relación entre el hombre y Dios a partir de la invocación del nombre de Jehová como se ve en este pasaje?

2. ¿Cómo debe ser nuestra relación con Dios al utilizar Su nombre?

3. ¿Qué acciones concretas puedes tomar esta semana para invocar a Dios en tus situaciones cotidianas, en tu rol de esposo y padre, en el trabajo y en la iglesia, y para fortalecer tu relación con Dios?

ESTUDIO 5

CONVERSA CON EL CREADOR DEL HUERTO SOBRE TU HIJO

David incluyó a su hijo Salomón en su oración de alabanza a Dios:

> «Asimismo da a mi hijo Salomón corazón perfecto, para que guarde tus mandamientos, tus testimonios y tus estatutos, y para que haga todas las cosas, y te edifique la casa para la cual yo he hecho preparativos» (1 Crónicas 29:19).

¿Corazón perfecto? Creo que es el deseo de todo buen padre para con sus hijos. Debemos entender que tener un corazón perfecto no significa que sea sin pecado, sino más bien la petición se trata de que su hijo tenga un corazón dispuesto, humilde, sincero y comprometido a Dios. David está pidiendo que su hijo busque agradar a Dios en todo momento, con plena obediencia a Él y Sus mandamientos. Un «corazón perfecto» le daría a Salomón la capacidad de cumplir con el llamado de Dios para con él y llevar a cabo los planes de edificar la casa para la cual el padre, David, ya había hecho los preparativos.

Lee detenidamente esta porción de la oración de David y contesta las siguientes preguntas:

1. ¿Por qué crees que David le pidió a Dios que, primeramente, le diera un corazón perfecto a su hijo?

2. ¿Qué nos dice este pasaje sobre la importancia de la oración en la vida de David y su liderazgo?

3. De manera práctica, ¿qué pasos podrías tomar esta semana para reflejar una mayor dedicación en tu responsabilidad de orar por tu familia (esposa e hijos)?

4. Al igual que David, escribe una oración, pequeña pero sincera, por tus hijos. Preséntala al Señor con gratitud y alabanza.

ESTUDIO 6

«PADRE NUESTRO...»

Permíteme insistir en esto: la oración no es una serie de palabras repetidas de manera impersonal y sin entendimiento de lo que se expresa. Jesús mismo nos dio, como modelo, una oración muy personal en respuesta a la pregunta de Sus discípulos sobre cómo debían orar.

En este estudio nos vamos a enfocar en la primera parte de la oración del Padre Nuestro o la oración del Señor, descrita para nosotros en Mateo 6:9-13.

«Padre nuestro que estás en los cielos» (v. 9a).

Observemos las primeras dos palabras de esta oración. «Padre», del griego *patér*, no era la forma básica de dirigirse a Dios dentro de la comunidad judía. Para ellos el nombre de Dios era inefable; uno no se podía dirigir a Él con ningún grado de intimidad. En el Antiguo Testamento, el término «padre» casi nunca se usaba para hablar de Dios ni para dirigirse a Él en oración. Por otro lado, en el Nuevo Testamento, Jesús nos llevó a una relación íntima con el Padre, y nos dio el incomparable privilegio de llamar a Dios «Padre».[10]

Este es un cambio radical en la forma de dirigirse a Dios en oración. Jesús fue el primero que se conoce en tomar la oración y convertirla en una conversación personal con Dios. Jesús, quien hablaba arameo, usó la palabra aramea *Abbá*, que se usa como una forma íntima y familiar de dirigirse a Dios.[11]

¿Recuerdas quiénes le pidieron a Jesús que les enseñara a orar? Fueron Sus discípulos, entre ellos algunos nacidos y formados en el judaísmo de aquellos tiempos. Imagina sus caras de asombro al escuchar a Jesús dirigirse a Dios de forma íntima... *Jesús, no habrás querido decir eso; ¡no puedes estar hablando en serio! Ni siquiera se nos permite decir el nombre de Dios en voz alta. Ni siquiera lo llamamos Padre, ¡mucho menos Papá!*[12]

Al profundizar un poco más en esta primera parte de la oración del Señor, apreciamos una perspectiva celestial. Ciertamente Dios es omnipresente. No existen restricciones finitas para Su divina presencia y, no obstante, Cristo se dirigió al Padre que está en el cielo. ¿Por qué? Cristo estaba hablando de la trascendencia de Dios, pues no puede ser confinado a una localidad. Nos dirigimos a Dios, quien está por encima y más allá de los límites finitos del mundo.[13]

La línea inicial del Padre Nuestro nos presenta una tensión dinámica. Si bien debemos ir ante el Señor en una actitud de intimidad, hay un elemento de reverencia, de temor. Podemos acudir a Dios y llamarlo Padre, ir en confianza, sí, pero nunca con arrogancia o presunción. «Padre nuestro» habla de la cercanía de Dios; «en el cielo» apunta a cambiar nuestra visión por la perspectiva de Dios, la cual es eterna y celestial, Él ve más allá de lo que nosotros podemos ver. El punto es el siguiente: cuando oramos, debemos recordar quiénes somos y a Quién nos dirigimos.[14] Si bien es cierto que le hablamos en intimidad y confianza, también debemos acercarnos con temor y reverencia.

PREGUNTAS PARA REFLEXIONAR

1. ¿Qué significa para ti reconocer a Dios como nuestro Padre que está en los cielos, en el contexto de esta oración?

2. ¿Cómo puedes aplicar la enseñanza sobre la oración dirigida a nuestro Padre «que está en los cielos» en tiempos de dificultad?

3. ¿En qué aspectos de tu vida cotidiana te gustaría involucrar más la oración del Padre Nuestro?

Tal vez estás leyendo este libro de manera individual o con un grupo de estudio. Sea cual sea la situación, te pido que tomes unos breves minutos para conversar con nuestro Padre que está en los cielos. Expresa lo que está en tu corazón, en confianza, reconociendo a quién le estás hablando. No te preocupes por lo que te pueda distraer, ni mucho menos si tus palabras no son tan elocuentes como el predicador del domingo en la iglesia. Son tus palabras, tus sentimientos. Ora por tus hijos, por tu hogar. ¡Nuestro Papá Dios que está en los cielos está contigo!

PARA MEDITAR

Tengo la responsabilidad de decir que lo que voy a compartir contigo en esta sección no serán declaraciones cargadas de teología ni mucho menos de experiencias a nivel sobrenatural. Si es lo que esperas, entonces te doy permiso para que pases al siguiente capítulo, pues no va a suceder.

Esta es la realidad; por el momento, todo lo que he leído, investigado y estudiado sobre la oración me ha dejado con un sentir de que, como cristiano, no estoy haciendo tan buen trabajo cuando se trata de la disciplina de la oración. A veces me he sentido tan culpable que he querido tirar cenizas sobre mi cuerpo y trasladarme a un monasterio en medio de la nada donde no te permiten hablar. Cuando se trata de la disciplina de la oración de los grandes hombres y mujeres de Dios a través de la historia, entonces «no soy digno, Señor, de que entres en mi casa». Ni hablar de inundar mi oración con textos bíblicos, entonces no merezco estar ni siquiera cerca del estacionamiento de la iglesia.

Estoy seguro de que estarías de acuerdo conmigo en que sería más fácil si Dios nos compartiera su número de teléfono o su cuenta favorita de medios sociales para comunicarnos con Él y recibir contestación inmediata. Así estaríamos convencidos de que Él nos escucha y nos contesta. Una oración contestada inmediatamente le daría más sentido a nuestra vida espiritual. Sería más emocionante. ¿No lo crees?

Aun en mi tiempo de oración, batallo con esta disciplina y pienso que no he llegado al nivel de oración que creo que debo tener. Sin embargo, he aprendido varios principios básicos que quiero compartir contigo.

1. La oración no se trata de que Dios me complazca en todo lo que le pida. Se trata de cambiar mi forma de pensar buscando siempre la voluntad de Dios. Cuando comparto este principio con otros, les menciono que llevo años pidiéndole a Dios que me dé un auto de carrera Ferrari Testarossa color rojo del año. No obstante, por años, Dios me ha contestado con un sencillo: «Rafy, bástate el auto que te di, que te lleva y te trae. Total, ¿para qué me pides uno tan lindo? Eso no va a cambiar tu apariencia física…» (por no decirme feo).

2. Dios responde aun en las cosas que muchas veces pasamos por desapercibidas. Nuestra tendencia es la de esperar lo espectacular, lo

sobrenatural y, como resultado, nos perdemos de ver cómo Dios nos responde en aquellas pequeñas cosas, en suaves susurros, que tienen gran significado.

3. La oración se trata de la disposición de nuestro corazón, no del lugar, el horario ni la postura. En un viaje ministerial a Puerto Rico, uno de los integrantes del grupo recibió un mensaje de texto que informaba que un familiar cercano había sido llevado al hospital de emergencia. El cuadro médico no se veía bien. Al salir del avión y llegar a una sala llena de gente en el aeropuerto, nuestro hermano nos pidió que oráramos por su familiar. Allí, en medio del gentío, nos dimos a la tarea de orar. La disposición del corazón sin importar la hora ni el lugar.

SIEMBRA LA semilla

SESIÓN TRES

¡Mucha información, poco conocimiento! ¿Sabiduría?

En la actualidad tenemos mucha información disponible y al alcance de nuestras manos, las 24 horas del día, los siete días de la semana. Observa esto: en el 2025 el uso del internet en el mundo alcanzó los 5350 millones de personas, lo que representa al 66 % de la población mundial. Más de 5900 millones de búsquedas en Google se realizan por minutos. El uso del internet varía por edad, pero en promedio, los usuarios de internet en todo el mundo dedican 6,5 horas promedio diarias.[15]

Ahora, escucha esto; hoy en día hay más de 1200 millones de sitios web en el mundo. En el 2023 se crearon aproximadamente 3 992 222 sitios web. Cada minuto se crearon 2772 sitios web y cada segundo se crearon 46 sitios web,[16] y no hemos incluido la novedad de la llamada Inteligencia Artificial.

Definitivamente, tenemos una cantidad exagerada de información. El internet ha tomado una posición que podríamos denominar «ubicuidad». Tenemos una gran cantidad de información a la mano. Sin embargo, esto no necesariamente se traduce en conocimiento ni mucho menos en sabiduría. Entonces, debemos preguntarnos: ¿estamos enseñando o solamente transmitiendo información?

Las crisis que hoy día sufre la mayoría de nuestra sociedad se deben en gran parte a que la enseñanza de fe y vida cristiana ha sido relegada, transferida de su lugar esencial, el hogar, a otras instituciones como la escuela, la iglesia y otros grupos. Tal vez has visto o escuchado la expresión: «Mi escuela es mi segunda casa, pero mi casa es mi primera escuela». El hogar es y debe continuar siendo el verdadero centro de enseñanza de la fe cristiana de la familia.

Ken Canfield indica: «Dios quiere que el hogar sea el lugar primario de enseñanza espiritual, especialmente cuando se trata de asuntos de fe. El templo, la iglesia ocupa una responsabilidad secundaria, por lo tanto, es nuestro llamado a la obediencia de capacitar, explicar, educar y enseñar la Palabra de Dios a nuestros hijos».[17]

Se espera que el padre asuma la responsabilidad de enseñar varias destrezas, habilidades y hasta conocimiento a sus hijos. Andar en bicicleta, aprender algún deporte, lavar el auto, realizar algunas tareas de mantenimiento en la casa, son algunos ejemplos de actividades que los padres pueden enseñar a sus hijos. Por otro lado, también debemos mencionar que no se espera que el padre enseñe sobre todas las cosas o materias. Por ejemplo, si el padre no tiene buenos conocimientos en matemáticas, trabajos de plomería, electricidad o cualquier otra materia, es sabio que el padre busque la ayuda de alguien que tenga esos conocimientos y ayude en el proceso de enseñanza. Sin embargo, es siempre recomendable que el padre esté presente cuando un «tutor» u otra persona esté enseñando estas materias a su hijo o hija. De igual manera, es recomendable y beneficioso que los hijos mayores tengan la oportunidad de enseñar a los menores, ya que les da un sentido de propiedad y responsabilidad.

En cuanto a las enseñanzas de vida, aquellas que no se relacionan con alguna destreza, muchos de los padres pueden llegar a considerarse incapaces de guiar a sus hijos por los laberintos de la vida y en específico a partir de la fe cristiana. Temas importantes como la fe, la moral, los principios bíblicos, el matrimonio, saber escoger una carrera profesional y otros se han dejado a cargo de las esposas, las escuelas o algún asesor o consejero profesional, sin mencionar a quienes depositan la confianza en los medios de comunicación masivo y ahora en la Inteligencia Artificial como medio de enseñanza de estos temas.

El primer paso que un padre debe dar en su tarea de enseñar a sus hijos es estar presente en la vida de ellos. No se trata solamente de una presencia física, sino también de estar espiritual y emocionalmente presente. Es esencial conectarse con los hijos. Al conectarnos con ellos durante el proceso de enseñanza les enviamos el mensaje de que son importantes para nosotros como papás, que nos interesa saber de sus inquietudes, dudas y luchas en cuanto a aprender alguna materia u otros asuntos de esto que llamamos vida. Al enseñar demostramos amor por ellos y demostramos con claridad lo importantes que son y cuánto deseamos que estén bien preparados para la vida, que puedan manejarla bien y disfrutarla; que sean hombres y mujeres de Dios.

La tarea de enseñar no solo se trata de transmitir información, sino también de proveer conocimiento e impartir sabiduría en ellos. Se enseña para construir carácter tomando en consideración que cada hijo es diferente.

> «Instruye al niño en su camino, y aun cuando fuere viejo no se apartará de él» (Proverbios 22:6).

En Deuteronomio 6:4-9, Moisés enfatizó la necesidad del pueblo israelita, específicamente de los padres, de aprender las leyes y los mandatos de Dios y enseñar las palabras de Dios a sus hijos. Moisés sabía que no era suficiente con una serie de discursos o predicaciones. El mensaje tendría que residir en el corazón mismo del pueblo, y el lugar correcto de la enseñanza era en los hogares. Los padres debían ser los portavoces de la Palabra de Dios; las ordenanzas de Dios debían estar grabadas y guardadas en los corazones de los padres.

Cada nueva generación en Israel tenía que aprender a obedecer las palabras de Dios y debían aprender a amar a Dios. Moisés ordenó:

> «Y estas palabras [...] las repetirás a tus hijos, y hablarás de ellas estando en tu casa, y andando por el camino, y al acostarte, y cuando te levantes. Y las atarás como una señal en tu mano, y estarán como frontales entre tus ojos; y las escribirás en los postes de tu casa, y en tus puertas» (vv. 6-9).

Con estas palabras está indicando que deben siempre estar cerca de ti para así poder enseñarlas. Este mandato sigue siendo válido hoy en día, como lo fue en los tiempos de Moisés. Las enseñanzas de la Palabra de Dios deben estar tan cerca de nosotros, los padres, de manera que la instrucción resulte práctica, oportuna y adecuada.

Jesús, el maestro por excelencia, enseñó a Sus discípulos no solamente con el propósito de forjar el carácter de ellos, sino también para impartir sabiduría y prepararlos para el camino que tomarían. Sobre la enseñanza, el pastor Chip Ingram manifiesta: «Como maestro, tu trabajo es impartir valores, convicciones y principios en la vida de tus hijos».[18]

ESTUDIO 7

Es uno de mis pasajes bíblicos favoritos. Hay tanto que podemos hablar sobre el mismo y me parece que enseñamos muy poco y que nos falta adquirir sabiduría de este pasaje de la Escritura. Me refiero a Deuteronomio 6:1-9:

> «Estos, pues, son los mandamientos, estatutos y decretos que Jehová vuestro Dios mandó que os enseñase, para que los pongáis por obra en la tierra a la cual pasáis vosotros para tomarla; para que temas a Jehová tu Dios, guardando todos sus estatutos y sus mandamientos que yo te mando, tú, tu hijo, y el hijo de tu hijo, todos los días de tu vida, para que tus días sean prolongados. Oye, pues, oh Israel, y cuida de ponerlos por obra, para que te vaya bien en la tierra que fluye leche y miel, y os multipliquéis, como te ha dicho Jehová el Dios de tus padres. Oye, Israel: Jehová nuestro Dios, Jehová uno es. Y amarás a Jehová tu Dios de todo tu corazón, y de toda tu alma, y con todas tus fuerzas. Y estas palabras que yo te mando hoy, estarán sobre tu corazón; y las repetirás a tus hijos, y hablarás de ellas estando en tu casa, y andando por el camino, y al acostarte, y cuando te levantes. Y las atarás como una señal en tu mano, y estarán como frontales entre tus ojos; y las escribirás en los postes de tu casa, y en tus puertas».

Estas palabras no terminan ahí. Como decimos en mi pueblo: «Hay suficiente tela para cortar». Escucha lo que dice ese mismo capítulo en los versículos 20 al 25:

> «Mañana cuando te preguntare tu hijo, diciendo: ¿Qué significan los testimonios y estatutos y decretos que Jehová nuestro Dios os mandó? entonces dirás a tu hijo: Nosotros éramos siervos de Faraón en Egipto, y Jehová nos sacó de Egipto con mano poderosa. Jehová hizo señales y milagros grandes y terribles en Egipto, sobre Faraón y sobre toda su casa, delante de nuestros ojos; y nos sacó de allá, para traernos y darnos la tierra que juró a nuestros padres. Y nos mandó Jehová que cumplamos todos estos estatutos, y que temamos a Jehová nuestro Dios, para que nos vaya bien todos los días, y para que nos conserve la vida, como hasta hoy. Y tendremos justicia cuando cuidemos de poner por obra todos estos mandamientos delante de Jehová nuestro Dios, como él nos ha mandado».

Hay tanto que hablar, tanto que enseñar y tanta sabiduría por adquirir en esos 14 versículos. ¿Cuánto tiempo nos toma leerlos? Yo tomé el tiempo. Lo leí de forma pausada. Solo 2 minutos y 15 segundos para descubrir un tesoro que no solamente será de utilidad para nosotros como padres, sino que también lo será para nuestros hijos y los hijos de nuestros hijos.

La palabra Deuteronomio significa *segunda ley* o *repetición de la ley*. Israel estaba a punto de cruzar el río Jordán y comenzar la conquista de Canaán. Moisés estaba a punto de terminar su carrera cuando pronunció una serie de discursos que se incluyen mayormente en este libro.[19] Una segunda generación estaba por entrar a la tierra prometida. Moisés era muy consciente de los retos, las amenazas y los riesgos de caer en la idolatría a los que se enfrentaría el pueblo. Ante tal amenaza, el patriarca trae a la memoria del pueblo las obras maravillosas que Dios había hecho con la primera generación que salió de Egipto. También les recordó los preceptos de la ley para que el pueblo los grabara en sus corazones y los protegieran de la iniquidad de los cananeos.[20]

El libro de Deuteronomio otorga a la enseñanza un lugar privilegiado. No hay otro libro en la Biblia que coloque la instrucción de niños y jóvenes en el centro de su mensaje como lo hace este libro (ver 4:9-10; 6:7, 20-25; 11:19; 31:13). Nos debe llamar la atención que sea Deuteronomio el único libro del Pentateuco en el que se use el verbo «enseñar» y coloca la responsabilidad de la enseñanza sobre los hombros de los padres.[21]

Era la responsabilidad de los padres enseñar la Palabra de Dios a sus hijos como parte de las conversaciones diarias de la familia. Tal responsabilidad está vigente en la actualidad. Las familias cristianas corren el peligro, debido al diario ajetreo, ya sea del trabajo o incluso del ministerio, de dejar a un lado o relegar a otros la responsabilidad de enseñar la Palabra de Dios a sus hijos. ¡Cuidado! Te corresponde a ti tal responsabilidad.

Vivimos en un mundo con una constante exposición a la idolatría, que ofrece falsas y perecederas seguridades:

> «... en ciudades grandes y buenas que tú no edificaste, y casas llenas de todo bien, que tú no llenaste, y cisternas cavadas que tú no cavaste, viñas y olivares que no plantaste...» (Deuteronomio 6:10-11).

Vemos cómo a lo largo de la historia la riqueza, la prosperidad y la idolatría han llevado a las personas a la indiferencia espiritual, el descuido moral y, al final, a la separación de Dios. También vemos cómo tal idolatría se mezcla con un llamado «cristianismo» que se convierte en secretismo. Entonces, ¿que nos corresponde hacer?

Escucha esto: «Si quieres tener un hogar donde el enemigo no tenga acceso a los corazones de tus hijos, donde sus mentiras sean repulsivas para ellos, entonces debes entrenar a tus hijos en la maravilla y la belleza del evangelio y mostrar cómo se infiltra en cada parte de sus vidas».[22]

Como padre estás llamado a impactar no solo a la generación presente, sino también a las futuras generaciones, tus hijos, los hijos de tus hijos y los que aún no han nacido (Salmo 78:6).

¿Aceptas el reto?

PREGUNTAS PARA REFLEXIONAR

1. ¿Qué es lo más importante que has aprendido de tus padres?

2. ¿Cómo deben los padres enseñar la Palabra de Dios a sus hijos?

3. ¿Cuál es una manera práctica en la que puedes enseñar a tus hijos sobre Dios hoy?

ESTUDIO 8

¿Estás convencido de que la enseñanza de la Palabra de Dios pertenece solamente al pastor de la iglesia local o a los maestros de la escuela bíblica dominical? Piensa en esto: ¿quieres que la Palabra de Dios pierda influencia en nuestros hijos cuando ya no estemos en esta vida, o prefieres que su autoridad trascienda de generación en generación?

Leamos el Salmo 78:1-8.

> «Escucha, pueblo mío, mi ley; inclinad vuestro oído a las palabras de mi boca. Abriré mi boca en proverbios; hablaré cosas escondidas desde tiempos antiguos, las cuales hemos oído y entendido; que nuestros padres nos las contaron. No las encubriremos a sus hijos, contando a la generación venidera las alabanzas de Jehová, y su potencia, y las maravillas que hizo. Él estableció testimonio en Jacob, y puso ley en Israel, la cual mandó a nuestros padres que la notificasen a sus hijos; para que lo sepa la generación venidera, y los hijos que nacerán; y los que se levantarán lo cuenten a sus hijos, a fin de que pongan en Dios su confianza, y no se olviden de las obras de Dios; que guarden sus mandamientos, y no sean como sus padres, generación contumaz y rebelde; generación que no dispuso su corazón, ni fue fiel para con Dios su espíritu».

Este es un salmo que podemos denominar como didáctico e histórico, ya que enseña utilizando la historia del pueblo de Israel, desde Moisés hasta David, *como una parábola para vivir sabiamente.*[23] Este salmo utiliza el retrovisor de la historia pasada en beneficio de las futuras generaciones. Asaf llama a su generación a no olvidar y enseñar a las futuras generaciones. De la misma manera, en el Evangelio de Mateo vemos cómo Jesús enseñó a Sus discípulos a través de parábolas:

> «Para que se cumpliese lo dicho por el profeta, cuando dijo: Abriré en parábolas mi boca; declararé cosas escondidas desde la fundación del mundo» (Mateo 13:35, comparar con Salmo 78:2).

En el versículo 8 encontramos una advertencia para que el pueblo de Israel no caiga en el mismo error de sus padres, que olvidaron *enseñar* la fe a los hijos. La idea central en estos versículos es que la enseñanza de la fe se da en el hogar y se transmite de generación en generación.

El salmista Asaf hace referencia a Deuteronomio 6, donde enfatiza, con el uso de la historia, la necesidad urgente de que cada generación enseñe a sus hijos las maravillas de Dios y lo que Él quiere de cada uno de nosotros. Al igual que Deuteronomio 6, si el mandamiento no se repite, se olvida; si no se enseña, pierde eficacia; si no se guarda, trae condenación. Entonces el padre tiene plena conciencia de su deber de instruir a su descendencia en el temor de Dios.[24] En resumen, los padres son quienes tienen la responsabilidad de sembrar la semilla de la Palabra de Dios en sus hijos para que estos confíen en el Señor en todo tiempo, que no olviden Sus obras al desviarse con lo que el mundo ofrece, que guarden y obedezcan los mandatos de Dios y así no repitan los errores de sus antepasados.

PREGUNTAS PARA REFLEXIONAR

1. ¿Cuántas generaciones se enumeran en el Salmo 78? ¿Las puedes nombrar? Te ofrezco ayuda: vv. 3, 4, 6.

2. ¿Qué significa para ti la idea de transmitir la fe a las futuras generaciones según este salmo?

3. ¿Qué pasos podrías tomar para asegurarte de que las enseñanzas de la fe no se pierdan en tu familia?

PARA MEDITAR

Permíteme hacerte unas preguntas finales sobre este capítulo:

¿Alguna vez te has detenido a preguntarte qué es lo que estás tratando de lograr como padre? ¿Cuál es exactamente tu objetivo?

Que estés leyendo este libro me dice que eres un padre comprometido y deseas lo mejor para tus hijos. Tal vez te has hecho estas preguntas y estás buscando las respuestas. Esas respuestas se encuentran en la Biblia. El objetivo primordial que debes tener para tus hijos es el mismo objetivo que el apóstol Pablo tenía para sus hijos espirituales, que «anduviesen como es digno de Dios». Mira lo que Pablo le dice a la iglesia en 1 Tesalonicenses 2:11-12:

> «así como también sabéis de qué modo, como el padre a sus hijos, exhortábamos y consolábamos a cada uno de vosotros, y os encargábamos que anduvieseis como es digno de Dios, que os llamó a su reino y gloria».

Pablo oraba por la iglesia en Colosas para que de igual manera anduvieran dignos de Dios:

> «Por lo cual también nosotros, desde el día que lo oímos, no cesamos de orar por vosotros, y de pedir que seáis llenos del conocimiento de su voluntad en toda sabiduría e inteligencia espiritual, para que andéis como es digno del Señor, agradándole en todo, llevando fruto en toda buena obra, y creciendo en el conocimiento de Dios; fortalecidos con todo poder, conforme a la potencia de su gloria, para toda paciencia y longanimidad; con gozo dando gracias al Padre que nos hizo aptos para participar de la herencia de los santos en luz» (Colosenses 1:9-12).

Al igual que Pablo, tu objetivo general es criar a tus hijos en un ambiente de amor en el que eduques, impartas sabiduría y construyas el carácter de tus hijos con tus acciones y palabras (parafraseado).[25] Tú eres el ejemplo que tus hijos han de seguir.

El apóstol Pablo se presentó como ejemplo a la iglesia neotestamentaria:

> **«Sean imitadores de mí, como también yo lo soy de Cristo»** (1 Corintios 11:1, NBLA).
>
> ----------

En tu enseñanza persigue diariamente modelar a Cristo, busca las oportunidades para enseñar y asegúrate de impartir sabiduría que impacte a tus hijos y a las siguientes generaciones, tal como lo enseñan Deuteronomio 6 y el Salmo 78. Las futuras generaciones dependen de lo que tú enseñas hoy.

FERTILIZA EL terreno

SESIÓN CUATRO

Es muy posible que hayas escuchado sabios refranes (proverbios) de pueblo tales como:

> «Al que madruga, Dios le ayuda».
> «Más vale pájaro en mano que cien volando».
> «Más vale tarde que nunca».
> «Camarón que se duerme se lo lleva la corriente».

Son refranes que encierran una verdad y, en cierta manera, son enseñanzas sabias. Sin embargo, hay otros refranes que se repiten a menudo con la intención de comunicar una verdad cuando en realidad son absolutamente falsos y erróneos. Veamos uno: «Los palos y las piedras podrán romper mis huesos, pero las palabras nunca me lastimarán». ¿Has escuchado esta expresión? En el idioma inglés es una frase antigua. Su equivalente en español es: «A palabras necias, oídos sordos».

La frase se refiere a que las palabras, y en particular las palabras hirientes, no harán daño. La frase hace un llamado a ser fuertes y no permitir que los insultos y las críticas nos detengan o nos hieran emocionalmente. Hace un llamado a la resiliencia y a superar las adversidades que nos puedan imponer otros a través de sus palabras ofensivas y agraviantes.

Sin embargo, la realidad es que las palabras atacantes y divisivas lastiman, hieren y destruyen. Pueden lastimar profundamente a una persona, destruir una amistad, dividir un hogar o un matrimonio. Las palabras poseen un increíble poder para levantarnos o derrumbarnos emocionalmente. Por otro lado, las expresiones de motivación, exhortación y ánimo son palabras que bendicen y edifican. Un abrazo lleno de amor y ternura junto con la expresión verbal, transmite una profunda valoración que bendice a nuestros hijos. La descripción de un futuro especial y nuestro compromiso activo son parte de la bendición.[26]

El 2 de junio del 2000, el exvicepresidente Al Gore, al exponer en la Tercera Cumbre Nacional Anual de Padres en Washington D. C., dijo lo siguiente: «Nunca dudes del impacto que los padres tienen en los hijos. Los niños con padres muy comprometidos aprenden a tener confianza desde temprano en sus vidas. Aprenden a confiar de corazón. Aprenden que son apreciados, que tienen valor, que pueden estar seguros con la confianza de poner sus miradas en alto. Ellos obtienen el ánimo que necesitan para atravesar los momentos difíciles de la vida. Los niños aprenden de sus padres cómo ser padres. Aprendí todas esas cosas de mi propio padre y cuento mis bendiciones».[27]

Las palabras del expresidente son muy certeras. Por desgracia, vivimos en una crisis de ausencia del padre, no necesariamente física, que impacta de forma adversa a millones de niños. Waylon Ward, en su libro *Who's your Daddy?* [¿Quién es tu papi?], escribe: «Un problema importante que afecta a la paternidad en nuestra cultura es que muchos hombres no ven que la paternidad tiene algún valor. Las presiones de la sociedad han hecho que muchos hombres devalúen su papel en la familia y han perdido la confianza en que son importantes para sus hijos».[28]

Esta crisis de la ausencia del padre la vemos presente en nuestras iglesias. Nos encontramos con la triste realidad de que tenemos padres con heridas causadas por sus padres, ya sean físicas o verbales, y como resultado pueden pasar a sus hijos un batón quebrantado... y el ciclo continúa.[29] Al igual que muchos padres que he tenido el privilegio de conocer a través de talleres y conferencias de paternidad, yo experimenté las heridas de un padre (y de una madre). No fueron heridas físicas, sino su ausencia emocional y espiritual; las palabras hirientes de mis padres causaron sentimientos profundos de confusión, amargura, rabia y hasta de fracaso. Necesitaba sanidad espiritual y la necesitaba con urgencia.

En el proceso de sanidad, es importante reconocer que quienes han tenido una conexión quebrantada con su padre solo pueden ser sanados hasta donde ellos puedan describir esa pérdida y dolor.[30] También debemos reconocer que solo nuestro Señor Jesucristo es quien sana esas heridas y rompe el ciclo de pasar un batón quebrantado de una generación a otra. En mis tiempos de oración el Espíritu Santo me llevó una mañana al texto de Romanos 8:15-16:

> **«Pues no habéis recibido el espíritu de esclavitud para estar otra vez en temor, sino que habéis recibido el espíritu de adopción, por el cual clamamos: ¡Abba, Padre! El Espíritu mismo da testimonio a nuestro espíritu, de que somos hijos de Dios».**

Dios sanó las heridas dejadas por mi padre (y mi madre), y me dio la seguridad y la confianza de que tengo un Padre que me ama y está presente en mi vida. Fue un proceso lento. Poco a poco, Dios fue trabajando en mi corazón. Las heridas han sido sanadas y los recuerdos que tengo están presentes para utilizarlos en consolar a otros (2 Corintios 1:4-5).

Mi apreciado lector, las palabras de ánimo, exhortación y consuelo proveen a nuestros hijos valor para enfrentar los futuros problemas y las adversidades de la vida; con ellas fertilizamos el terreno para que crezcan fuertes y saludables en lo emocional y lo espiritual. Ellos recordarán tus palabras y reconocerán su identidad como hijos amados. Tus hijos necesitan escuchar tus palabras que los levantan en alto. Esas palabras les ayudarán a entender su propósito como personas completamente íntegras, dignas de Dios. Frases como «te amo», «estoy orgulloso de ti», «eres mi hijo(a) amado(a)» se deben utilizar continuamente para bendecir, dar seguridad y sentido de pertenencia a nuestros hijos.

ESTUDIO 9

La Biblia, tanto en el Antiguo como en el Nuevo Testamento, nos habla del solemne y más alto llamado de ser papá y nos presenta las responsabilidades que tenemos como padres. En 1 Tesalonicenses 2:11-12 encontramos lo siguiente:

> «Así como también sabéis de qué modo, como el padre a sus hijos, exhortábamos y consolábamos a cada uno de vosotros, y os encargábamos que anduvieseis como es digno de Dios, que os llamó a su reino y gloria».

Pablo escribe esta carta alrededor del año 51 después de Cristo, y es una de las primeras cartas de Pablo escrita desde la ciudad de Corinto. Uno de los propósitos de la carta era animar a los creyentes de la ciudad portuaria de Tesalónica a mantenerse firmes en su fe, y no solo contra la persecución, sino también a resistir la presión de volver a su antiguo estilo de vida.

En versículos anteriores, Pablo le habló a la iglesia en Colosas, no como apóstoles o líderes, sino primeramente como niños y luego con la ternura como de una madre cuando cuida y alimenta a sus hijos. Sin embargo, ahora, utilizando la misma imagen de la familia, Pablo se mueve al rol de padre para con sus hijos. Así como un padre que instruye a sus hijos, a través del ánimo, la consolación y la exhortación, Pablo alienta a los tesalonicenses a que vivan de una manera digna del reino de Cristo.

Observemos tres palabras claves en estos dos versículos: exhortar, consolar, encargar.

Exhortar. Este término define la acción de solicitar o hacer un llamado a realizar un fin determinado. Significa dirigirse a una o varias personas con el objetivo de convencerlos para que hagan algo o animarlos para que se muevan a trabajar en pro de un objetivo o meta. Comúnmente, aquellos que asumen la responsabilidad de exhortar son personas que gozan de cierto liderazgo. Aquellos que exhortan son personas que motivan a otros para que alcancen niveles más altos de logro o éxito.[31]

En el Nuevo Testamento la palabra *exhortar* proviene del vocablo griego *paráklesis* y es un término que guarda relación con el nombre que el apóstol Juan, el discípulo amado, le atribuye al Espíritu Santo en su Evangelio: el Paráclito. Significa «llamar al lado de uno». En un sentido sencillo significa «invitar, animar, exhortar, ofrecer apoyo».[32]

Consolar: En el original griego significa «hablar dando ánimo, estimular, relacionarse cerca, hablar a alguien amistosamente».[33]

Al igual que el rol del padre que ama y expresa verbalmente su amor por los hijos, el rol del padre que consuela es uno con el que muchos de nosotros como padres batallamos. La tendencia es pensar que el deber de consolar a los hijos les pertenece a las madres, ya que requiere ternura y paciencia. La ternura nos puede hacer ver como vulnerables y débiles. ¿Y qué hay de la paciencia? Estamos muy ocupados y no tenemos el tiempo para dedicarnos a consolar.

Por ejemplo, cuando un niño se cae y se golpea en la rodilla, va con su madre y ella de inmediato lo consuela para aliviar el dolor, cura la herida si la hay y hasta le canta: «Sana, sana colita de rana, si no sanas hoy sanarás mañana». (En mi país lo cantaban de otra forma, pero eso no viene al caso). Cuando se trata de nosotros, los padres, miramos el golpe de lejos y decimos: «Ah, no tienes nada, camina para que se quite el dolor». ¿Ves la diferencia?

Encargar: ¿A qué se refiere esta palabra? Este término viene del vocablo griego *marturéo*, que significa «testificar, declarar, dar testimonio». En la porción que estamos estudiando se *encarga* a los creyentes que anden como es digno de Dios. Otras versiones de la Biblia traducen este término como «animar e implorar» (NBLA), «insistir» (NTV) y «recomendar» (RVC). Por lo tanto, se trata de animar a nuestros hijos, de modo vehemente, a vivir de manera que puedan ser un reflejo de la gracia y el llamado de Dios a Su reino y Su gloria.

Todos ambicionamos recibir ánimo de parte de los demás, de personas que nos alienten y nos hablen con palabras sabias, especialmente de aquellos que están cerca de nosotros. La Biblia misma nos anima a exhortarnos los unos a los otros cada día (Hebreos 3:13).

Animar también significa «estimular, alentar, dar fuerza y vigor»;[34] es decir, ayudamos a otra persona a ganar confianza y provocamos que tenga la certeza de que puede lograr algo.

PREGUNTAS PARA REFLEXIONAR

1. ¿Por qué crees que Pablo utiliza la metáfora de ser como un padre para describir su relación con la iglesia en Tesalónica?

2. ¿Recuerdas alguna vez en que te sentiste apoyado por una figura de autoridad en tu vida? ¿Cómo te hizo sentir? ¿De qué manera te impactó?

3. ¿Cómo puedes identificar y practicar la exhortación, el ánimo y el consuelo en las interacciones con tus hijos?

ESTUDIO 10

«Y vosotros, padres, no provoquéis a ira a vuestros hijos, sino criadlos en disciplina y amonestación del Señor» (Efesios 6:4).

«Padres, no exasperéis a vuestros hijos, para que no se desalienten» (Colosenses 3:21).

En Efesios 6:4 encontramos dos mandamientos para los padres en cuanto a su responsabilidad para con los hijos: uno negativo (lo que no se debe hacer) y otro positivo (lo que se debe hacer).[35]

¿Qué cosas provocan ira en los hijos? ¿Qué cosas no debemos hacer?

Jorge Himitian nos presenta una lista de esas cosas:[36]

- Que los padres prefieran a algunos hijos más que a otros.
- Que los traten injustamente.
- Que los castiguen con brutalidad.
- Que los insulten o agredan verbalmente.
- Que se burlen de ellos y los ridiculicen tanto en público como en privado.
- Que los traten bruscamente.
- Que les hagan promesas y no cumplan su palabra.

El pastor Charles (Chuck) Swindoll menciona otras cosas que provocan ira en los hijos:[37]

- Exigencias irracionales de perfección.
- Quejas constantes por infracciones menores.
- No dejar espacio para la libertad de expresión y el crecimiento personal.
- Falta de motivación y afirmación.
- Disciplina injusta o extrema que no coincide con la ofensa.

El texto nos llama a lo positivo, lo que debemos hacer: criar a los hijos en «disciplina e instrucción que proviene del Señor». Ser buenos padres no implica simplemente dar a los hijos alimento, ropa, casa, enviarlos a la escuela y cuidar de su salud. Tiene que ver con asumir la responsabilidad de educar a los hijos según la voluntad de Dios.[38] La disciplina implica entrenamiento. Disciplinar es llevar la enseñanza al siguiente nivel de manera que se forje el carácter del niño. La amonestación conlleva advertencia, consejo. La idea del original griego significa «meter en la mente». O sea, la Palabra de Dios debe predicarse de tal forma que llegue a fijarse en la mente y en el corazón de los oyentes mediante la exhortación y la enseñanza (Tito 3:10).[39]

Criar es educar, formar, ayudar al desarrollo integral de los hijos. Hay cuatro áreas principales de formación en la vida de nuestros hijos:[40]

- Formación física: alimentación, salud, higiene, aseo, vestimenta.
- Formación espiritual: conocimiento de Dios y de Su reino, instrucción en la Palabra, en la fe, en la oración, en el compromiso y en la misión.
- Formación del carácter: desarrollo de la honradez, la responsabilidad, la amabilidad, la santidad y otros rasgos del carácter.
- Formación social: estudios, profesión, trabajo, modales, entre otros.

El padre cristiano debe instruir a los hijos en los asuntos del Señor, en Su Palabra, tal y como se expresa en Deuteronomio 6, guiado por el Espíritu Santo, en amor y no en rabia o enojo. Por lo tanto, la disciplina y la instrucción comienza con nosotros, primeramente. Si no somos disciplinados e instruidos no podemos disciplinar e instruir a los hijos. No podemos dar lo que no tenemos.

El hogar debe ser la escuela de las lecciones necesarias para la vida cotidiana como también de la instrucción en la fe cristiana. Queremos que nuestros hijos se conviertan en adultos responsables, dignos de Dios. Entonces, es necesario reconocer que la verdadera instrucción proviene del Señor. Él es la fuente de la sabiduría que necesitamos para criar a los hijos en la disciplina y la amonestación del Señor.

PREGUNTAS PARA REFLEXIONAR

1. Si pudieras describir en una palabra tu estilo de crianza o la forma en que te criaron, ¿cuál sería y por qué?

2. ¿Qué significa para ti que los padres no exasperen a sus hijos, y cómo se refleja eso en tu vida o en tu familia?

3. ¿Qué cambios prácticos podrías hacer en tu vida familiar a la luz de Efesios 6:4 y Colosenses 3:21? ¿Cómo crees que eso afectaría a tus hijos?

4. ¿Cómo influye el entendimiento de estos pasajes en tu perspectiva sobre la crianza y la educación de los hijos?

PARA MEDITAR

Cuando Pablo les manda a los padres a criar a sus hijos en instrucción y enseñanza del Señor, hace eco de las palabras de Dios por medio de Moisés en Deuteronomio 6. El deber de criar al niño en los caminos de Dios descansa sobre los hombros de los padres. No obstante, la crianza no se limita a proveer las necesidades físicas solamente, sino que también incluye la enseñanza, la disciplina, los consejos y la exhortación a través de nuestras palabras y nuestro ejemplo. Recuerda que nuestro ejemplo enseña más que nuestras palabras.[41]

Un padre también debe dedicar tiempo para hablar y escuchar diligentemente a los miembros de la familia en general, como también de forma individual. Pablo trató a cada uno de los creyentes de manera personal. Aunque estaba muy ocupado, se dio tiempo para aconsejar personalmente a los miembros de la iglesia en Tesalónica: «... a cada uno de vosotros» (1 Tesalonicenses 2:11b).

Padre, tus palabras dirigidas a tus hijos son poderosas. Una vez que las pronuncias no las puedes revertir, se adentran en la mente y el corazón de tus hijos. Es imperativo que siempre tengas cuidado con lo que dices y cómo tratas a tus hijos.

Papás, busquen las oportunidades para hablar a sus hijos con palabras de ánimo, consuelo y motivación. No todo tiene que ser regaños ni reproches. No esperen a los grandes momentos de la vida para expresar palabras de aliento; lo que hacen y dicen a diario es lo que marca la mayor diferencia, y ahora que saben cuán poderosas son sus palabras, al hablar con sus hijos procuren expresarse de modo que los animen a vivir como es digno de Dios.

Padres, ¿están listos para hacer algo grande? Levanten a sus hijos con sus palabras y siembren en ellos una semilla que florezca de generación en generación.

PROTEGE EL huerto

SESIÓN CINCO

Para muchos de los hombres hay algo en las películas de guerra que llama la atención, y más aún si son basadas en hechos reales o históricos. Por lo general, en estas obras cinematográficas se resalta el espíritu de valentía y sacrificio de cada soldado que aparece en escena y nos hace «meternos» en ella o en el personaje principal. Una de las películas de guerra sobre la que más se habla es *Rescatando al soldado Ryan*. El capitán John Miller, caracterizado por el famoso actor Tom Hanks, lleva a sus hombres detrás de las líneas enemigas para encontrar al soldado James Ryan, cuyos tres hermanos han muerto en combate. Rodeado por las brutales realidades de la guerra, mientras buscan a Ryan, cada hombre se embarca en un viaje personal y descubre su propia fuerza para triunfar sobre un futuro incierto con honor, decencia y valor.[42]

Todos los días, de alguna manera, nos demos cuenta o no, hay soldados que están preservando nuestra libertad y protegiendo nuestro país. Están dispuestos a hacerlo dejando atrás a sus familias, sin importar los inconvenientes e incluso el sacrificio supremo de sus propias vidas en caso de que se les requiera. Están dispuestos a luchar por lo que creen, por lo que representa su país, así como por sus familias y amigos. Esto requiere una gran cantidad de convicción, valentía y determinación que es digna de admirar. Sin embargo, estas características no solo se necesitan en el frente de guerra, sino también en otro frente de batalla: nuestros hogares. Son las características necesarias para ser un padre bíblico.

Al igual que un soldado valiente, la paternidad bíblica requiere que nosotros, como papás, protejamos nuestro hogar dando un paso al frente y lo mejor de nosotros en el campo de batalla de la vida cotidiana. Aquí te comparto tres características que todo padre debe poseer:

1. Mantenerse firme, listo, alerta y en marcha. En el estruendo de la guerra, un soldado valiente se mantendrá firme, listo, alerta y en marcha cuando se dé la orden. No es fácil, no es agradable, pero es la responsabilidad de un soldado. ¡Es un soldado! Como padres también debemos defender nuestro hogar, no solo porque es lo que nos corresponde hacer, porque es nuestra responsabilidad, sino también por lo que somos: padres llamados a proteger nuestro hogar.

Hay muchas voces que nos amenazan y nos dicen que retrocedamos y nos sometamos a la cultura de permisividad y pasividad en nuestro hogar, voces que buscan minimizar la importancia de nuestro llamado como padres y que atacan los principios y los valores de la familia, especialmente los valores bíblicos, catalogándolos como desactualizados. Los ataques buscan que bajemos la guardia ante aquellas cosas que son un peligro inminente para nuestra familia. Como padres, sabemos que somos, en última instancia, responsables de la misión, el liderazgo y la dirección de nuestro hogar, lo que nos obliga a defender a nuestra familia y nuestros principios y valores, sea fácil o no.

2. Dar la buena batalla. Todo buen soldado sabe que existe un enemigo real que amenaza la seguridad de la nación que representa y defiende y, por lo tanto, está dispuesto a dar la buena batalla para defenderla. Habrá momentos, como padres, en los que también debemos luchar por nuestras familias para proteger sus vidas y su futuro, aun cuando esto nos pueda convertir en «los malos» frente a otros, incluyendo familiares y amigos. Hay tantas cosas que a veces parecen «inofensivas», pero que potencialmente pueden amenazar a nuestra familia y su bienestar. Por eso, debemos estar siempre alertas, informados y comprometidos en la lucha a través de nuestra posición paternal, estando presentes y en constante oración por nuestra familia.

3. Mantenerse en constante comunicación con el Comandante en Jefe. Respecto a la disciplina de la oración, todo padre valiente debe ser lo suficientemente humilde y valiente como para estar en constante oración por el bien de su familia. Tal vez lo has visto en las películas de guerra. Probablemente algún familiar o amigo que estuvo en la guerra te dio testimonio de ello. Tal vez tú lo viviste. En los campos de guerra se han elevado innumerables oraciones; no todas se han registrado en los libros de historia, pero estoy seguro de que aquellos que las hicieron en el estruendo de la guerra sabían quiénes eran y la amenaza a la que se enfrentaban. También sabían que necesitaban la ayuda y la guía de Alguien más poderoso que ellos. Lo mismo es cierto para nosotros como padres en la protección de nuestros hogares. Nuestro trabajo es duro. Nuestra responsabilidad es más grande de lo que pensamos. Entonces nuestra ayuda debe venir de Alguien mucho más grande que nosotros. Todo padre valiente debe tener la humildad suficiente para ir en oración, de manera regular, delante del Comandante en Jefe, el Jefe Supremo, por el bien de su familia.

Entendamos lo siguiente: una vez que aceptamos a Cristo en nuestros corazones pasamos de vivir como civiles a formar parte del ejército de Cristo. Por nuestros propios esfuerzos tratamos de buscar la paz, pero los ataques del enemigo nos recuerdan que estamos en un verdadero campo de guerra espiritual. Este enemigo, al saberse derrotado, hará todo lo posible por derrotarte a ti.

¿Cuán preparado estás para los próximos ataques del enemigo? ¿Estás firme, alerta, listo para dar la buena batalla y en actitud de oración? Considera seriamente las palabras de Pablo a la iglesia de Éfeso y su descripción de la armadura de Dios. ¡No estamos en una batalla simulada! ¡No es una película, es real! De hecho, antes de que leas el texto bíblico, te recuerdo que la armadura es de Dios. Él te la ha otorgado para la batalla y para mantenerte firme.

> «Porque no tenemos lucha contra sangre y carne, sino contra principados, contra potestades, contra los gobernadores de las tinieblas de este siglo, contra huestes espirituales de maldad en las regiones celestes. Por tanto, tomad toda la armadura de Dios, para que podáis resistir en el día malo, y habiendo acabado todo, estar firmes» (Efesios 6:12-13).

ESTUDIO 11

Me pregunto cuántos de ustedes, que han llegado a estas páginas, están dispuestos a sacrificarse y mantenerse firmes en sus puestos como centinelas y protectores de sus respectivos hogares. Por supuesto, espero que entiendan que proteger el hogar y la familia es una de las múltiples funciones o responsabilidades que tenemos como padres y líderes en el hogar.

Nuestros hijos y nietos están creciendo en un ambiente donde diariamente están expuestos a actos de violencia proyectados a través de los medios de comunicación: televisión, cine y, por supuesto, los medios sociales. Ni pensar en los juegos virtuales que cada vez parecen más reales. Por otro lado, muchos de los adolescentes han sido o son víctimas de acoso cibernético, también conocido como ciberacoso o *cyberbullying*. Como su protector, te toca a ti entrenarlos y educarlos en cuanto a la seguridad que deben tomar. ¡El mal acecha diariamente! Los hogares están bajo constante ataque del enemigo que «... como león rugiente, anda alrededor buscando a quien devorar» (1 Pedro 5:8b). Como padres responsables, debemos primeramente protegernos de lo que vemos y escuchamos a través de los medios de comunicación, sí, incluyendo los medios sociales. Estamos expuestos a diario a la distracción que nos ofrece el internet, el cual nos arrastra a lugares peligrosos, tanto a los padres como a los hijos.

Debes estar en constante alerta, como un firme centinela, para dejar afuera de tu hogar las influencias dañinas que buscan penetrar tu huerto; necesitas darle a tu familia la protección con buenos y sabios «filtros» para tu hogar. Mientras los hijos aún son jóvenes, es un buen tiempo para que tú y tu esposa, como un equipo, desarrollen estándares y reglas específicas que usarás para filtrar lo que amenaza con entrar a tu hogar. Creo que no tengo que dar tanto detalle para señalar lo que el mundo ofrece, que va en contra de las enseñanzas bíblicas, y no debe ni puede meterse a tu hogar.

Por otro lado, habrá momentos en que tendrás que regular el acceso que otras personas tienen o puedan tener a tus hijos. Tendrás que mantenerte en alerta y ser sabio en la forma que hagas esto. Tus hijos (y aun tu esposa) tendrán que ser protegidos de algunas de las personas que te rodean o se te acercan con pensamientos o ideas que van en contra de las enseñanzas bíblicas que quieres fomentar y mantener en tu hogar.

PREGUNTAS PARA REFLEXIONAR

1. ¿Qué cambios puedes hacer en tu rutina diaria que podrían ayudarte a fortalecer tu vida espiritual y la de tu familia?

2. ¿En qué áreas de tu vida sientes que necesitas ser más consciente y estar más en guardia como un buen centinela?

3. ¿Qué pasos concretos puedes dar esta semana en tu vida diaria para aplicar lo que has aprendido de este breve estudio bíblico?

> «No hay obras poderosas, queridos amados, sin las pruebas de las tentaciones. No hay fe, si no hay prueba. No hay disputa, si no hay enemigo. No hay victoria, si no hay conflicto. Nuestra vida está en medio de trampas, en medio de batallas. Por eso, si no deseamos ser vencidos, tenemos que vigilar. Si queremos triunfar, debemos pelear».[43]
>
> —León Magno

ESTUDIO 12

El vuelo partió el 26 de enero de 1979 desde el Aeropuerto Internacional de San Juan, Puerto Rico, hacia St. Louis, Misuri. Era la primera vez que salía de mi isla. Tenía miedo a lo desconocido, pero estaba determinado a superar los obstáculos que me esperaban. Me había enlistado en el Ejército de Estados Unidos y ahora me dirigía al entrenamiento básico de tres meses en Fort Leonard Wood, en Misuri, en el medio de la nada. Al llegar a St. Louis todo estaba cubierto de nieve. Era la primera vez que veía la nieve. Hubiese preferido verla en otras circunstancias, como la vemos en las tarjetas de Navidad, pero no en donde se llevaría a cabo el intenso entrenamiento militar.

Me esperaban tres meses de disciplina, estructura y entrenamiento riguroso que nos prepararían para el combate. Ejercicios, uso de armas, carreras con obstáculos, instrucciones, largas horas bajo la nieve en temperaturas bajo cero se constituyeron mi diario vivir por esos meses. Recibí órdenes a cada hora, cada minuto. ¡Ya no era yo! Mi vida pertenecía al sargento de adiestramiento y al Ejército de Estados Unidos. El uniforme así lo indicaba. En el lado derecho del uniforme estaba mi apellido, creo que fue para que no se me olvidara quién era. En el lado izquierdo, el del corazón, decía «U.S. Army». Cuando nos entregaron el rifle M-16 las instrucciones fueron claras y precisas: «De ahora en adelante, tu vida depende de esta arma. Vas a vivir, comer, dormir, caminar, correr con esta arma. Donde tú vayas, no importa dónde sea, tu M-16 irá contigo. Será tu defensa en el combate».

Deberíamos estar listos, firmes y alertas para toda situación de guerra. En la vida cristiana no es diferente: enfrentamos batallas como padres cada día y, así como un soldado no se separa de su arma, nosotros no podemos separarnos de la Palabra de Dios. Solo quienes se entrenan, se mantienen alertas y obedecen las órdenes del Comandante en Jefe estarán listos para resistir y vencer cuando llegue el día de la batalla.

En Efesios 6, Pablo nos exhorta a estar firmes en el Señor y en Su gran poder. Nos manda a prepararnos para la batalla contra el enemigo. ¿Cómo?

> «Vestíos de toda la armadura de Dios, para que podáis estar firmes contra las asechanzas del diablo. Porque no tenemos lucha contra sangre y carne, sino contra principados, contra potestades, contra los gobernadores de las tinieblas de este siglo, contra huestes espirituales de maldad en las

> regiones celestes. Por tanto, tomad toda la armadura de Dios, para que podáis resistir en el día malo, y habiendo acabado todo, estar firmes» (Efesios 6:11-13).

Más adelante, Pablo nos menciona el arma que como creyentes debemos tomar:

> «... y la espada del Espíritu, que es la palabra de Dios» (Efesios 6:17b).

La única arma ofensiva que Pablo menciona es la espada, pero esta basta. Las espadas empleadas por los soldados romanos estaban hechas de metales templados y afilados, fuertes y cortantes. Pablo compara la Palabra de Dios con una espada, pero no es una espada común y corriente, es la espada que el Espíritu suministra al creyente. La Palabra de Dios en las manos del creyente es el arma que el Espíritu le ha dado para ser usada como una espada filosa cuando es atacado por el diablo. Ante ella Satanás huye como hizo cuando Jesús usaba la Palabra de Dios durante las tentaciones en el desierto (Mateo 4:1-11).[44]

Ya he mencionado que a diario vemos pruebas contundentes de la depravación en nuestro mundo. No creo que debes estar conectado a los medios noticiosos las 24 horas del día, los siete días de la semana para validar esta declaración. Crímenes violentos, guerras, amenazas de guerra, corrupción en diferentes esferas, decepción en los medios religiosos, líderes eclesiásticos que caen en la inmoralidad, noticias falsas, la lista es larga. Como dije, no es necesario estar activo en la esfera mediática para observar todo esto; lo podemos ver cerca de nosotros. El egoísmo, la arrogancia, el orgullo, la falta de empatía y el oportunismo se han convertido en la regla del día, la norma a seguir.

Ante los ataques del maligno, Pablo nos exhorta a tomar la armadura de Dios para poder resistir tales ataques y mantenernos firmes. La Palabra de Dios es el arma para utilizar donde quiera que vayas, en todo tiempo, contra los embates del enemigo.

¿Tienes puesta la armadura de Dios? ¿Conoces cómo utilizar la Palabra de Dios para defenderte de los ataques del enemigo?

PREGUNTAS PARA REFLEXIONAR

1. Si pudieras elegir cualquier superpoder, ¿cuál sería y cómo lo usarías para ayudar a los demás?

2. ¿Qué pasos prácticos puedes tomar para recordar y utilizar la espada del Espíritu en situaciones difíciles?

3. ¿Cómo conecta el concepto de «batalla espiritual» en este pasaje con la realidad del mundo actual?

PARA MEDITAR

Aquel 26 de enero de 1979, a primera hora del día me encontraba con un grupo de jóvenes puertorriqueños listos para prestar juramento al unirnos a las Fuerzas Armadas de Estados Unidos:

> «Yo, José Rafael Gutiérrez Rodríguez, juro solemnemente que apoyaré y defenderé la Constitución de los Estados Unidos contra todos los enemigos, extranjeros y nacionales; que le tendré verdadera fe y lealtad, y que obedeceré las órdenes del presidente de la nación y las órdenes de los oficiales designados sobre mí, de acuerdo con los reglamentos y el Código Uniforme de Justicia Militar. Que Dios me ayude».

El juramento se tomó en serio, levantando nuestra mano derecha frente a la bandera de EE. UU., la bandera de Puerto Rico y la bandera de la rama militar: U.S. Army. Un oficial del ejército nos pidió que repitiéramos el juramento después de él.

En mi llamado como padre de mis dos preciosas hijas, no hubo tal ceremonia. No hubo un juramento de mi responsabilidad de apoyar y defender a mis hijas. Tal vez se debió hacer. La responsabilidad se aceptó como tal sin tener un tiempo de capacitación antes de ir a la «batalla» de ser padre. El entrenamiento se dio y continúa dándose. Se lleva a cabo la tarea como padre hasta que el Comandante en Jefe nos llame a Su presencia. La paternidad no tiene fecha de vigencia.

No pretendo imponer una ceremonia de juramento o promesa para que lleves a cabo tu responsabilidad como padre. Tal vez sea una buena idea que lo puedas hacer, ya sea de manera individual o como grupo en tu iglesia, pero sí me gustaría poner a tu consideración una declaración de promesa como padre y esposo:[45]

Prometo solemnemente, ante Dios y los hombres, asumir la plena responsabilidad sobre mi vida, la de mi esposa y la de mis hijos.

Prometo amarlos, protegerlos, servirlos y enseñarles la Palabra de Dios como líder espiritual de mi hogar.

Prometo mantenerme fiel a mi esposa, amarla, honrarla y protegerla durante el resto de mi vida.

Prometo bendecir y cuidar de mis hijos, enseñándoles a amar a Dios y siendo ejemplo en sus vidas.

Prometo enfrentar el mal, luchar por la justicia y vivir persiguiendo la integridad en mi vida personal.

Prometo trabajar con honradez y ánimo y proveer para las necesidades de mi familia.

Prometo perdonar a los que me hagan mal y reconciliarme con quienes me hayan defraudado y buscar estar en paz con todos los hombres.

Prometo aprender de mis errores, arrepentirme de mis pecados, andar en la verdad y buscar ser responsable en todas las áreas de mi vida.

Prometo esforzarme valientemente y, con la ayuda de Dios, cumplir este compromiso y ser un hombre de valor e integridad por el resto de mis días.

> «Porque no nos ha dado Dios espíritu de cobardía, sino de poder, de amor y de dominio propio» (2 Timoteo 1:7).

CULTIVA EL huerto

SESIÓN SEIS

¡Por amor, por amor, por amor!
Por amor se han creado los hombres en la faz de la tierra,
por amor hay quien haya querido
regalar una estrella.
Por amor fue una vez
al calvario con una cruz a cuestas,
Aquel que también por amor
entregó el alma entera.

Estas son unas estrofas de la canción *Por amor* escrita por el compositor Rafael Solano Sánchez de la República Dominicana. Al igual que esta canción, se han escrito muchas otras que aluden al amor. El grupo británico The Beatles hizo famosa una de sus canciones titulada *All you need is love* [Lo único que necesitas es amor]. Un breve repaso de la letra te lleva a ver que casi toda la canción es una repetición de las expresiones «lo único que necesitas es amor» y «amor es lo único que necesitas». Debe ser muy difícil memorizar la letra de esta canción. ¿No lo crees?

La palabra *amor* es usada y hasta abusada muy a menudo. La utilizamos para describir nuestros sentimientos prácticamente para todo: «Amo el pastel y la torta de chocolate». «Amo un cafecito temprano en la mañana». «Amo mi auto». «Amo a mi selección de fútbol». Sin embargo, el amor al que nos referimos diariamente, como los ejemplos mencionados, no se compara en absoluto al amor del que trataré en este capítulo.

En 1 Corintios 13, Pablo se refiere al amor ágape, el tipo de amor que busca el bienestar mayor de la otra persona, incluso al costo de la propia comodidad, seguridad y beneficio de quien entrega el amor. *Ágape* es el término griego empleado para describir el amor en su más elevada y sublime acepción. Es el amor que no se preocupa por recibir, sino por dar.[46]

> «El amor es sufrido, es benigno; el amor no tiene envidia, el amor no es jactancioso, no se envanece; no hace nada indebido, no busca lo suyo, no se irrita, no guarda rencor; no se goza de la injusticia, más se goza de la verdad. Todo lo sufre, todo lo cree, todo lo espera, todo lo soporta» (1 Corintios 13:4-7).

¿Has leído este texto anteriormente? ¡Lo más seguro es que sí! Tal vez en tu propia boda. Tal vez en la boda que te invitaron. Tal vez lo leíste en una de las tarjetas del día de los enamorados o de la amistad, o incluso en una predicación. Estoy seguro de que has escuchado estas palabras muchas veces; son palabras preciosas. Se acomodan muy bien para leerlas en ese momento tan especial como lo es una boda, donde, en la presencia de Dios, la pareja promete amarse hasta que la muerte los separe. Describe el amor que se espera de ambos como «una sola carne». Sin embargo, Pablo no escribió estas palabras para ser usadas en las bodas, el día de los enamorados ni mucho menos como adorno en una pared. No estoy diciendo que está mal. Lo que quiero decir es que el alcance de estas palabras va más allá del uso que se les ha dado.

Sabemos que Pablo escribió esta carta a una iglesia con serios problemas, entre ellos la arrogancia, ya que un grupo de feligreses intentaba minimizar al otro al adjudicarse niveles más altos de espiritualidad y conocimiento. Me parece que las cosas no han cambiado mucho en la actualidad, pero ese es un tema para tratar por separado. Ante la problemática de la iglesia, Pablo la desafía a tomar el camino «más excelente»: el amor (1 Corintios 12:31), y provee una descripción preciosa y profunda de lo que es el amor. Son palabras que se han convertido en uno de los pasajes de la Biblia más conocidos, enseñados y predicados.

Este es el amor que debe prevalecer en todo matrimonio: paciente, bondadoso, sin envidia ni jactancioso, mucho menos orgulloso, que no es rudo, no es egoísta, no se enoja fácilmente ni guarda rencor. El amor que no tiene maldad y se deleita en la verdad lo disculpa todo, todo lo cree, todo lo espera y, por supuesto, todo lo soporta. Es la relación amorosa que debe prevalecer en cada matrimonio. ¡Es el amor *ágape*!

Ahora, ¿has pensado en algún momento que estas palabras bien se pueden aplicar al amor que ha de tener un padre por sus hijos? ¿Has escuchado a un pastor, predicador, maestro de estudios bíblicos utilizar este pasaje para describir el amor del padre para sus hijos? Honestamente, yo no me acuerdo de haber escuchado alguno. Con tan solo leer el pasaje te puedo decir que se convierte en un reto bastante grande para nosotros, los hombres. Es el amor que debemos cultivar en el hogar con nuestra esposa e hijos.

¿Hasta dónde llega nuestro amor como padres? ¿Hasta dónde nos mueve? ¿Cuál es el límite que te dice: «Hijo / hija, hasta aquí llega mi amor por ti»?

En los próximos estudios quiero que consideres algunas de las características de lo que es y no es el amor según el apóstol Pablo en 1 Corintios 13. ¡Vamos al mambo... con mucho «amol», como decimos en Puerto Rico, amor del bueno!

ESTUDIO 13

El amor es paciente (sufrido) y bondadoso. En 1 Corintios 13, Pablo nos da una clara y poética descripción del amor ágape, y comienza diciendo que el amor es paciente. Es posible que resulte significativo que la primera palabra que Pablo elije para describir el amor sea «paciente». Es evidente que la paciencia es una característica importante del amor ágape, pero también es algo que a la mayoría de los hombres les cuesta mucho demostrar en sus vidas. Muchos de nosotros, los padres, batallamos fuertemente con tener paciencia con nuestros hijos. ¿Quieres realmente lograr la paciencia en tu relación con tus hijos? Entonces el Señor te pondrá en situaciones duras y difíciles de digerir y de sobrellevar, te colocará en medio de conflictos familiares que probarán y pulirán tu carácter. Cuanto más progreses en tener paciencia, más podrás sobrellevar y vencer los retos que se te presenten, incluso los más difíciles. Aprenderás a amar de manera incondicional. Demostrarás que tu amor ágape, como padre, es paciente. Y créeme, necesitas mucha paciencia para criar a tus hijos.

El amor es bondadoso. ¿Qué es la bondad? El Diccionario de la lengua española define la bondad de la siguiente manera: «Cualidad de bueno. Natural inclinación a hacer el bien. Acción buena. Amabilidad de una persona respecto a otra como fórmula de cortesía».[47] Los sinónimos de bondad son: compasión, benignidad, benevolencia, atención, piedad, consideración y servicio. Lo opuesto a la bondad es la maldad y la perversidad. Al considerar estas definiciones, vemos que la bondad consta de dos partes: primero, los sentimientos de compasión y los motivos de nuestro corazón; y, segundo, el comportamiento resultante que tiene el objetivo de mejorar la situación de otra persona. Así, la bondad incluye lo que está en el interior, en el corazón, que es invisible y lo que se exhibe, que se lleva en acción y se hace visible.[48]

La bondad también se describe como: «Una virtud que toma en serio la realidad de otras personas, su vida interna, sus emociones, así como sus circunstancias externas. Es una disposición activa hacia la comunión y la compartición; y hacia la comunión que da apoyo moral en angustia o en aflicción. La bondad fluye del corazón y se enfoca en las necesidades del otro. Es una actitud y una decisión consciente que requiere que la persona aplique un esfuerzo para actuar sobre esta actitud».[49]

El amor muestra bondad y el padre que ama es bondadoso. Los hijos, como receptores del amor que el padre les da, deben sentir o percibir que sus padres son bondadosos. La bondad genuina fluye del verdadero amor ágape. No es una bondad fabricada, no es ficticia o falsa, no es fingida, no es artificial, ni busca algo a cambio. La bondad es la preparación para hacer el bien, para ayudar, para aliviar cargas, para ser útil, para servir, para ser tierno y simpatizar con otros.

Los actos de bondad no solo se limitan a la entrega de regalos, dinero o bienes materiales. Expresamos bondad en la forma en que respondemos a nuestros hijos en «esos momentos que retan nuestra paciencia» como padres. Tal vez tú lo has experimentado. Si aún no has tenido esos momentos, prepárate, pues han de suceder. Son momentos en los que demostramos nuestro amor y paciencia, al mismo tiempo que demostramos bondad y firmeza.

Comprendo que no siempre es fácil. Requiere que, en momentos donde nuestra paciencia es retada, podamos detenernos por un instante y discernir con claridad lo que está sucediendo. Las palabras acompañadas por actos de bondad sirven para enseñar a los hijos el amor que se tiene por ellos, es el amor que fluye del amor de Dios para con nosotros. Si amamos a Cristo como Él nos ama, entonces no necesitamos hacer un gran esfuerzo para servir con bondad, ya que surgirá naturalmente de un corazón que ha sido transformado por el Espíritu Santo. No buscamos que nuestros pequeños y grandes actos de bondad sean reconocidos o recordados, pues serán la mejor porción de nuestras vidas como padres.

PREGUNTAS PARA REFLEXIONAR

1. Si pudieras describir el amor verdadero en una palabra o frase, ¿cuál sería y por qué?

2. ¿Qué significa para ti que el amor sea paciente y bondadoso según este pasaje (1 Corintios13:4)?

3. ¿Qué pasos prácticos puedes tomar en esta semana para mostrar amor a tus hijos de la manera que se describe en 1 Corintios 13:4-7?

ESTUDIO 14

El amor no se enoja ni se irrita. ¿Alguna vez te has irritado? ¿Cuántas veces te has enojado con tus hijos? No enojarse o irritarse es una extensión de la paciencia, cualidad que hace que detengas la explosión de la ira, que soportes, que aguantes esas pruebas que te alteran. Cuanto más amor, o cuanto más perfeccionado está el amor del padre, más puede contener la ira. La ira es una emoción que está en cada uno de nosotros, pero debemos tener mucho cuidado, ya que puede ser muy peligrosa.

El apóstol Pablo alertó a la iglesia en Éfeso sobre la ira con las siguientes palabras:

> «Airaos, pero no pequéis; no se ponga el sol sobre vuestro enojo» (Efesios 4:26).

El enojo es una emoción muy fuerte que puede salirse de los límites cuando nos dejamos llevar por las alteraciones y los sentimientos y caemos en el error de dejar a un lado los principios bíblicos y el verdadero amor ágape. Podemos fácilmente perder la estabilidad y la paciencia que necesitamos para enfrentar los retos y las dificultades como esposos y padres. Entonces, también tenemos que ponerle límite a nuestro enojo: un límite en el tiempo (duración) y en la intensidad.

Es triste ver a muchos hombres que viven en una ira continua contra todo y todos. El padre cristiano que se enoja de manera desmedida o prolongada trae consigo resentimiento, rencor, división, odio y otras acciones negativas, y muestra claramente que no ha conocido el amor de Dios y, por lo tanto, el amor de Dios no fluye a través de él.

El *Diccionario del español actual* define el rencor como el «sentimiento de hostilidad y deseo de venganza, motivado por el recuerdo de una ofensa o un perjuicio».[50] ¿Cuántas personas guardan o han guardado rencor hacia una o varias personas? He escuchado a individuos que dicen: «Yo no le guardo rencor a nadie, pero el que me las hace me las paga». O: «No te guardo rencor por lo que me hiciste, pero si estás en un incendio y tengo agua, me la tomo toda».

Ahora, quiero indicar lo siguiente: no tomar en cuenta una ofensa no significa que olvidamos por completo el agravio o que pretendemos que el hecho en cuestión nunca sucedió. No tenemos la capacidad de borrar de forma sobrenatural el recuerdo del dolor que hemos sufrido. No obstante, sí podemos dejar de tenerlo en cuenta, es decir, podemos dejar de mirarlo de un modo que afecte nuestra experiencia presente. Reconocemos que se ha producido una ofensa, que ha sido algo negativo y que no debe excusarse. Sin embargo, como hijos del Dios soberano que controla todo lo que nos sucede, podemos verlo como algo que no tiene o no debe tener efecto negativo sobre nosotros.

El amor ágape no lleva un registro detallado de las ofensas o heridas ocasionadas por otros. Expresiones como las siguientes emanan de un corazón que lleva un registro de cada ofensa (o lo que la persona piensa que son ofensas): «Esta es la tercera vez que me hieres». «Te las estoy apuntando y sigo sumando». «Es la cuarta vez que no me saludas». «Es la décima tercera vez que me ignoras». «Es la centésima vigésima cuarta vez que me miras de esa manera».

Hay que tener una capacidad de memoria excelente para llevar un registro detallado de cada ofensa. ¡Cuánto tiempo y energía desperdiciados en mantener ese registro! Albergar todo eso en tu mente y en tu corazón, sin duda es rencor.

PREGUNTAS PARA REFLEXIONAR

1. ¿Hay momentos en los que has sentido que el amor se ha puesto a prueba en tu vida? ¿Cómo reaccionaste?

2. ¿Cómo crees que el amor puede transformar situaciones conflictivas en tu vida cotidiana?

3. ¿Qué papel crees que juega el perdón en la práctica del amor que se menciona en 1 Corintios 13?

VUELVE AL huerto

SESIÓN SIETE

«Después el SEÑOR Dios dijo: "No es bueno que el hombre esté solo. Haré una ayuda ideal para él"» (Génesis 2:18, NTV).

La versión RVR1960 dice:

«Y dijo Jehová Dios: No es bueno que el hombre esté solo; le haré ayuda idónea para él».

Hasta ese momento encontramos al hombre nombrando a los animales y viviendo entre ellos. (Tal vez eso explica bíblicamente el comportamiento de muchos hombres. ¡Tranquilo Rafy, tranquilo!). Entonces, Dios decide hacer una ayuda ideal, idónea, al ver que no era bueno que el hombre estuviese solo. ¡Ciertamente no es bueno que el hombre esté solo!

Estas dos palabras, «ayuda» e «idónea», en el idioma original (hebreo), tienen un significado que nos ayuda a entender lo que estaba en la mente de Dios al crear a la mujer. Ten presente que Dios mismo dijo que no era bueno que el hombre estuviese solo. Por lo tanto, la compañía que daría al hombre, Adán, tenía que ser buena en gran manera ante los ojos de Dios.

El término «ayuda», en hebreo *ézer*, significa no solamente la acción de ayudar, sino también alguien que trae auxilio, defensa, una persona que contribuye al cumplimiento de una necesidad o el apoyo de un esfuerzo o propósito.[51] Eva fue creada para apoyar el esfuerzo y el objetivo que Dios había depositado en el hombre.

El *Comentario del Antiguo Testamento* de David Atkinson nos dice que la expresión hebrea incluye el vocablo *ézer*, el cual se traduce «ayuda, ayudadora». Este conlleva la existencia de alguien que apoya y anima. La «ayuda» ofrece al que necesita aquello que le falta. Es una palabra que se utiliza varias veces en el Antiguo Testamento para hablar de la ayuda que viene de Dios.[52] He parafraseado la cita del texto, pero la idea es bastante clara: la palabra *ézer* (ayudadora) refleja la ayuda que viene de Dios para Su pueblo.

En su libro *Un hombre del reino*, Tony Evans describe lo siguiente:

«La palabra *ézer* aparece veintiún veces en el Antiguo Testamento, y solamente en dos de esas veces se refiere a una mujer. El resto de las veces se refiere específicamente a la ayuda que viene directamente de Dios de forma suprema. Por ejemplo:

> "No hay nadie como el Dios de Israel. Él cabalga por el firmamento para ir en tu ayuda *[ézer]*" (Deuteronomio 33:26, NTV).

> "Nosotros ponemos nuestra esperanza en el Señor; él es nuestra ayuda *[ézer]* y nuestro escudo" (Salmo 33:20, NTV).

> "En cuanto a mí, pobre y necesitado, por favor, Dios, ven pronto a socorrerme. Tú eres mi ayudador *[ézer]*" (Salmo 70:5, NTV).

> "Nuestra ayuda *[ézer]* viene del Señor" (Salmo 124:8a, NTV)».[53]

Entonces, no hay que realizar un estudio exegético exhaustivo para entender lo que esta palabra significa. Ayuda *[ézer]*, como algunos piensan o quieren imponer, no es la ayuda de la limpieza de la casa, de cocinar las tortillas y frijolitos o los quehaceres domésticos. Esa ayuda es buena delante de los ojos de Dios y viene para completar, complementar y apoyar al hombre para que cumpla el propósito dado por Dios.

Tony Evans lo expresa bien al decir que: «Cualquier hombre que mire a su compañera sin admirar sus habilidades, percepción, intelecto, capacitación y talento es un necio. Cualquier hombre que no la anime y no le facilite la manera de mejorar sus habilidades, intelecto y capacitación es igual de tonto. Muchos hombres, especialmente en la cultura cristiana estadounidense, desperdician lo que Dios ha creado en la mujer con la cual se casaron, muy a menudo porque no respetan sus diferencias y, en particular, sus sentimientos. El hombre suele desestimar la importancia de los sentimientos de la mujer, cuando son precisamente sus sentimientos los que pueden equilibrar la lógica masculina».[54]

Ahora analicemos la segunda palabra: «idónea». Con frecuencia decimos que Dios nos dio la mujer idónea o la compañera idónea. Sin embargo, ¿cuál es el significado de esa palabra? ¿Qué significa en hebreo? El vocablo hebreo es *kenegdô* que significa o se puede traducir como «semejanza de aspecto, carácter o naturaleza entre personas o cosas»,[55] y lo que hace es calificar al término «ayuda», que ya hemos descrito, e indica que esa «ayuda» es de igual semejanza, carácter o naturaleza. Como puedes apreciar del nombre que Dios le dio a Eva, el de ella no implica un rol de servilismo, de mucama ni de esclava.[56] Esto nos debe ayudar a entender que: «La descripción de la mujer como *ézer kenegdô* (ayuda idónea) no apunta a la inferioridad de la mujer respecto al hombre, sino a la relación mutua de dos personas que se complementan entre sí».[57]

La tendencia ha sido que, al considerar estas dos palabras, «ayuda idónea», se refieren a que Dios creó a la mujer con el singular propósito de proveer compañía a Adán, ya que leemos que «no es bueno que el hombre esté solo», o que sea sirviente y esclava. Tony Evans lo expresa de esta manera: «La primera responsabilidad de Eva fue hacia Dios: para cumplir el propósito de Dios en su vida que, en su caso, era ayudar a Adán. Su papel como ayuda idónea no era solamente el de hacerle compañía; también incluía un papel importante como colaboradora en el desempeño del mandamiento del dominio».[58]

Tanto Adán como Eva tenían una responsabilidad directa hacia Dios, el Creador de ambos. De hecho, hago un paréntesis aquí: Dios creó tanto al hombre como a la mujer. La mujer no fue creada por el hombre. El hombre recibió a la mujer, creada por Dios, con admiración y le dio un nombre que la hacía igual que él: «... el hombre la reconoce como hueso de sus huesos y carne de su carne y le da, no un nombre cualquiera (como en el caso de los animales, sobre los cuales ejerce dominio), sino el suyo propio: "Esta será llamada *Ishah* (varona) porque del *Ish* (varón) fue tomada"».[59]

Todo está en marcha. Dios ha creado al hombre y a la mujer a Su imagen y semejanza. Les ha dado responsabilidades a ambos hacia Él y hacia ellos mismos como pareja. Dios mismo instituyó el matrimonio y la familia. Ambos están en el huerto disfrutando de la creación, las bendiciones y las provisiones de Dios que son buenas. Y ahora, la vieja expresión: «No todo es color de rosas» parece surgir por primera vez cuando el diablo se entromete y causa «conflictos en el huerto». La familia se encuentra bajo el ataque del enemigo, que quiere destruir lo que Dios hizo bueno en gran manera.

Tal vez en este punto ya sabes a lo que me refiero. Llega el capítulo 3 de Génesis y leemos sobre la caída del hombre en desobediencia; el pecado de «comerse una deliciosa, dulce y tentadora manzana roja». Tal vez era un sabroso mango o una deliciosa naranja. Tú sabes, desde niños nos han presentado la imagen de Eva ofreciéndole una manzana roja a Adán, y a la serpiente observando con una mirada diabólica. ¡Eva es la culpable! Se levanta nuestro dedo acusatorio y le echamos toda la culpa a ella, la mujer, por haber sido tan tonta y haberle hecho caso a la serpiente. Sacamos a Adán del banco acusatorio para tirar la toalla. Después de todo, Adán estaba muy ocupado «trabajando con los animales y labrando el huerto». Pero, espérate, papá.

¿Dónde estaba Adán en el momento de la tentación? ¿Qué instrucciones había dado Dios al héroe de la película, Adán, en cuanto a comer de los árboles del huerto? Tanto peca el que mata la vaca como el que le agarra la pata. ¿Quién mató la vaca y quien le amarró las patas a la vaca? Bueno, no se menciona la muerte de una vaca en el relato de la desobediencia, pero sabes a lo que me refiero.

Mira lo que dicen estos tres versículos de Génesis 2:

> **«El Señor Dios puso al hombre en el jardín de Edén para que se ocupara de él y lo custodiara; pero el Señor Dios le advirtió: "Puedes comer libremente del fruto de cualquier árbol del huerto, excepto del árbol del conocimiento del bien y del mal. Si comes de su fruto, sin duda morirás"» (vv. 15-17, NTV).**

Adán recibió instrucciones claras de Dios sobre los árboles de los que podía comer su fruto en el huerto y los que no. La responsabilidad primordial recae sobre Adán en su responsabilidad hacia Dios. Adán tenía la obligación de advertir a la mujer que no comiera de dicho fruto al estar presente en el momento de la tentación.

No podemos olvidar las responsabilidades dadas a Adán de labrar y custodiar el huerto, como tampoco separar las palabras «ayuda idónea» en el contexto del pasaje bíblico en referencia. Debemos tener esto bien claro en nuestras mentes para entender cómo se relaciona con la desobediencia de Adán y Eva y las preguntas que Dios les hace a ambos en el capítulo 3 del libro de Génesis.

ESTUDIO 15

La Nueva Biblia de las Américas, en Génesis 3:6, dice explícitamente:

> «... la mujer [...] tomó de su fruto y comió. También dio a su marido que estaba con ella, y él comió».

Adán «no se puso pa' su número». En nuestro hablar hispano, «ponerse para su número» significa «ponerse en contacto con la realidad, recibir una dosis de realidad»; es no olvidar quién eres y a lo que estás llamado a hacer, es un llamado a despertar y no quedarte dormido; a no caer en la pasividad. Al principio del libro hablamos de que Adán tenía primeramente una responsabilidad directa para con Dios cuando se le designó labrar y custodiar el huerto. Sin embargo, vemos que Adán dejó caer la guardia y permitió que el maligno, en forma de serpiente, entrara al huerto y provocara que Eva caiga en desobediencia. Al no ponerse «pa' su número» nuestro personaje principal cae en pasividad con respecto a su responsabilidad ante Dios.

La pasividad se puede definir como la actitud del que recibe o padece una acción sin cooperar a ella ni reaccionar en contra. Por ejemplo: molestarse con alguien por su pasividad en las actividades previstas. Es la actitud de quien, ante una situación de necesidad, no hace nada.[60] Es un estado de ánimo sin acción. Una paralización del esfuerzo y el interés. Es no cooperar. Es permitir que los demás actúen sin hacer nada.[61] Una persona pasiva es aquella que no hace las cosas por sí misma, sino que deja obrar a los demás. La pasividad es una actitud opuesta al compromiso, a la acción constante, a la voluntad de dirigir la propia vida y de involucrarse con todas y cada una de sus etapas.[62] Espero que estés activamente entendiendo estas definiciones de pasividad.

Volvamos al relato de la desobediencia de Adán y Eva. Se nos ha enseñado, y hemos entendido, que es la mujer quien cede primero a la tentación al tomar la iniciativa de comer del fruto prohibido. Incluso hay quienes han lanzado fuertes ataques contra la mujer por la desobediencia de Eva. Lo más probable es que hayas escuchado algunas personas decir: «No estaríamos en este lío, en este problema, es decir, la pecaminosidad general de nuestro mundo caído, si no fuera por culpa de una mujer». Es fácil llegar a esa conclusión con base en lo que leemos en el relato de la desobediencia: Eva comió primero del fruto prohibido y luego le dio de comer a Adán. El veredicto es claro y contundente: ¡Eva es culpable!

¡Cuidado! ¡No tan rápido!

Por otro lado, podemos pensar que Eva fue simplemente un instrumento en manos de la horrible serpiente, el Maligno, para quitar al hombre del núcleo de la primera familia y su rol como guardián del huerto.

¡Espera! ¡Mira a tu alrededor y fíjate en lo que dice la cultura hoy en día!

Hay quienes han desarrollado la teoría de que el «virus de la pasividad», la falta de asumir las responsabilidades dadas por Dios a Adán, ha pasado al corazón de todos los hombres, y que, desde entonces, luchan con una tendencia natural al silencio, al aislamiento y a no implicarse lo suficiente en su matrimonio y su familia.[63]

La mujer fue engañada, el hombre fue neutralizado, y en el seno de la primera familia de la historia se rompe el plan original y divino, dando paso al pecado. Poco a poco, el virus de la pasividad se extiende entre los hombres, muchos de ellos hundidos en una progresiva falta de fuerza vital, en un ambiente de soledad, aislamiento y egoísmo. En resumen, la pasividad de Adán en el relato de Génesis 3 es el comienzo del fracaso de todo hombre que mantiene un silencio profundo, y que se rinde ante las estrategias del enemigo para anular la autoridad del hombre como custodio y cabeza del hogar.[64]

Se ha hablado bastante sobre el tema de la pasividad del hombre, especialmente cuando tiene que ver con el cumplimiento de sus deberes como hombre, esposo y padre. Por otro lado, también hemos visto, a través de la historia, la agresividad del hombre cuando utiliza su masculinidad para destrozar y oprimir. Esto es tema para otra serie de estudio. Este es el punto que quiero presentar: Adán falló grandemente al no cumplir con su responsabilidad para con Dios y para con quien había sido presentada como su ayuda idónea. Ante la desobediencia, tanto Adán como Eva, fueron castigados. Pero como yo veo el asunto, Adán dejó caer el balón. Esta es una de las razones por las que Dios, cuando paseaba por el huerto, llamó a Adán primero y no a Eva (Génesis 3:8-9).

Es importante resaltar que Dios nunca anula o cancela nuestra personalidad. Al crearnos a Su imagen y semejanza, Dios mismo quiere que seamos hombres activos, tanto física como espiritualmente, y que utilicemos de manera plena nuestras facultades y atributos dados por Él. Son las artimañas y mentiras del maligno las que buscan esclavizarnos, reducirnos en autómatas y manejarnos a su antojo.

Eliminar la pasividad no significa que seamos agresivos al extremo ni mucho menos machistas. Dios ha llamado al hombre a labrar y a custodiar el huerto, como ya hemos definido al principio del libro. Esa responsabilidad no solo le fue dada a Adán, sino que Dios también continúa llamando a hombres a volver al huerto, al rol que Dios les ha dado de labrar y custodiar. A ti, mi querido lector, te corresponde evaluar cómo estás respondiendo al llamado de Dios. Tu hogar depende de ti. Tu esposa, tu ayuda idónea, depende de ti. Tus hijos, bendiciones de Dios, dependen de ti. Cada mañana Dios te pregunta: «Hombre, ¿dónde estás?». ¿Cómo le vas a responder?

PREGUNTAS PARA REFLEXIONAR

1. ¿Cómo nos afecta el pecado original en nuestra vida diaria?

2. ¿Qué lecciones podemos aprender de Eva y la pasividad de Adán sobre la influencia de nuestros pensamientos y decisiones en momentos de tentación?

3. ¿Qué pasos específicos puedes tomar, como hombre, esposo y padre, para asegurarte de que tus decisiones estén alineadas con los principios bíblicos y tu obediencia a Dios?

ESTUDIO 16

En general, las personas siempre andan *en busca de respuestas y de que sean inmediatas.* Sin embargo, la base siempre está en las interrogantes que se hacen; la clave para lograr buenos resultados reside en plantearse buenas preguntas. Se dice que la calidad de nuestro pensamiento radica en la calidad de nuestras preguntas; una mente sin ellas es una mente que no está viva intelectualmente, que no experimenta curiosidad por entender con claridad algún asunto. En un mundo tan cambiante como el actual, una de las capacidades más importantes es la de hacer buenas preguntas. Formularlas impulsa que pensemos en lo que está por delante.

¿De qué nos puede servir tener una gran cantidad de respuestas si no corresponden a las interrogantes correctas? Por eso es necesario destacar la importancia de formular buenas preguntas antes de correr a buscar respuestas. Todos los días vemos ejemplos de soluciones a problemas equivocados porque las consultas no eran las correctas. Es mucho más difícil definir o formular la pregunta correcta que producir una respuesta cualquiera. Hay que ver más allá de lo evidente para encontrar las interrogantes que nos van a conducir finalmente a solucionar una situación. Cuando la pregunta no está correctamente formulada, nuestra mente se aparta de lo que se está hablando, y esto no nos lleva a ningún lado. Cuando la pregunta es correcta, puede que no consigamos elaborar una respuesta apropiada enseguida, pero estaremos en la senda correcta.

En el Antiguo Testamento, específicamente en el libro de Génesis, encontramos una pregunta que parece ser sencilla cuando la leemos casualmente; no obstante, tiene una gran profundidad cuando meditamos en ella y buscamos la contestación correcta.

Permíteme darte la situación: Adán y Eva desobedecen al mandato de Dios. El pecado entra en la creación y contamina a la humanidad desde ese momento en adelante. Al reconocer su desobediencia, Adán y Eva cayeron en vergüenza y cosieron hojas de higuera para cubrirse.

Escucha lo que dice la Escritura en el capítulo 3:

> «Y oyeron la voz de Jehová Dios que se paseaba en el huerto, al aire del día; y el hombre y su mujer se escondieron de la presencia de Jehová Dios

> entre los árboles del huerto. Mas Jehová Dios llamó al hombre, y le dijo: ¿Dónde estás tú?» (vv. 8-9).
>
> ------------------------

¿Dónde estás? He ahí la pregunta. Hombre, Adán: «¿Dónde estás tú?». Ahora, vamos a detenernos aquí por un momento. Quien pregunta es Dios mismo, el Dios omnisciente y omnipresente. ¿Crees tú que Dios no sabía exactamente dónde estaban escondiéndose Adán y Eva? Ambos estaban escondidos en la propia creación de Dios. Él la conocía como la palma de Su mano.

Esconderse de la presencia de Dios no tiene sentido alguno. Te cito las palabras de David en el Salmo 139:1-8:

> «Oh Jehová, tú me has examinado y conocido. Tú has conocido mi sentarme y mi levantarme; has entendido desde lejos mis pensamientos. Has escudriñado mi andar y mi reposo, y todos mis caminos te son conocidos. Pues aún no está la palabra en mi lengua, y he aquí, oh Jehová, tú la sabes toda. Detrás y delante me rodeaste, y sobre mí pusiste tu mano. Tal conocimiento es demasiado maravilloso para mí; alto es, no lo puedo comprender.
>
> ¿A dónde me iré de tu Espíritu? ¿Y a dónde huiré de tu presencia?
>
> Si subiere a los cielos, allí estás tú; y si en el Seol hiciere mi estrado, he aquí, allí tú estás».
>
> ----------------

Piensa en lo que está sucediendo. Dios mismo había puesto al hombre a gobernar sobre la creación. Le dio a Adán un hogar, el huerto. Tenía una casa dada por Dios. La dirección: «Casa número uno. Urbanización: El Huerto del Edén. Ciudad: El Paraíso. Estado: la Tierra. Código de área: 77777». Y es allí, en su propia casa, el huerto, donde encontramos al hombre escondido; vestido con hojas de higuera, parte de la creación de Dios, quien había visto que eran buenas. Entonces viene la pregunta: «¿Hombre, dónde estás?». ¿Es la pregunta incorrecta en busca de una respuesta correcta? La pregunta viene de parte de Dios, por lo tanto, es la pregunta correcta frente una situación incorrecta.

Dios no está preguntando por la ubicación física de Adán; Él sabía muy bien el lugar donde Adán estaba escondido. Te quiero proponer que la pregunta, que es correcta, es una en busca de una respuesta de posición, la posición espiritual de Adán luego de su desobediencia. Dios le había dado la responsabilidad de labrar el huerto del Edén y custodiarlo. Le dio instrucciones claras sobre los árboles que podía comer y del árbol que no podía comer. Adán, al igual que Eva, había sido creado a imagen y semejanza de Dios, bendecido y encomendado. Su relación con Dios era vital. El hombre había fallado y decidió esconderse en la misma creación de Dios. ¡Eso es un error!

Entonces, a ti, mi querido amigo y hermano, te pregunto: ¿Dónde estás? No me refiero a tu ubicación física, sino a tu posición espiritual. ¿Dónde estás?

PREGUNTAS PARA REFLEXIONAR

1. ¿Por qué crees que Dios le pregunta a Adán dónde estaba, en vez de ordenarle que saliera de su escondite?

2. ¿Qué significa para ti el concepto de que Dios busque activamente al hombre aun después de su desobediencia?

3. ¿Cómo puedes aplicar la enseñanza sobre el arrepentimiento y la respuesta al llamado de Dios en situaciones difíciles en tu vida?

ESTUDIO 17

Como ya hemos visto, Adán y Eva deciden usar de la misma creación de Dios para cubrir su desnudez. Utilizan lo bueno que había creado Dios para cubrir su desobediencia, lo malo que habían hecho. ¿Te parece familiar? Varón, ¿dónde estás? ¿Estás cubriendo tu desobediencia a Dios con las mismas bendiciones que Él te ha dado? ¿Estás usando lo que Dios te ha provisto o te ha encomendado como mayordomo o administrador para cubrir tus faltas?

El acto de Adán y Eva de coser hojas de higuera para cubrirse puede verse como el esfuerzo mismo del hombre para cubrir su pecado. Sin embargo, ese esfuerzo sería de carácter temporal. Las hojas de higuera con el tiempo se secan y el hombre tendría que volver a coser hojas nuevas o buscar otro tipo de hojas o material que sirviera para volver a cubrirse. Y el ciclo se repite. Si seguimos esta línea de pensamiento, podemos cuestionarnos si acaso no es eso la religiosidad: el esfuerzo del hombre, a través de sus obras, de querer agradar a Dios. Bueno, es un tema interesante, pero lo estudiaremos en otra ocasión.

Este texto nos enseña que, como seres humanos, debemos estar siempre conscientes de nuestra vulnerabilidad ante las tentaciones y el pecado. Debemos reconocer que somos imperfectos y que necesitamos la gracia y el perdón de Dios. Vemos que, a pesar de sus esfuerzos y lo que parecía una buena idea, Adán y Eva no pudieron cubrir su propia culpa. Dios salió a pasear «al aire del día», a buscar al hombre para cubrir su culpa. ¿Acaso no es esto la misericordia de Dios y Su gracia en plena acción? Por más que lo haya intentado a través de los años, el hombre no puede cubrir su propio pecado y salvarse, sino que depende solamente de la bondad y la gracia de Dios. Movido por Su misericordia, Dios tuvo que sacrificar otra vida para cubrir el pecado del hombre (v. 21). Esto apunta a Jesucristo, el Cordero de Dios. Dios mismo toma la iniciativa de buscar al hombre, de entablar una conversación con él y luego hacer las túnicas. ¡Cuán maravilloso es esto!

Arthur Pink comenta sobre las túnicas de piel que Dios hizo para Adán y Eva: «Fue el primer sermón del evangelio, predicado por Dios mismo, no con palabras, sino con un símbolo y una acción. Era una presentación del camino por el cual una criatura pecadora podía regresar a su Creador y acercarse a Él. Fue una bendita ilustración de la sustitución: el inocente muriendo en lugar del culpable».[65]

Génesis 3:21 nos invita a reflexionar, a hacer teología, sobre la naturaleza de Dios y Su relación con nosotros. Este versículo nos recuerda que, a pesar de nuestras faltas y fracasos, Dios siempre sale a extender Su gracia y misericordia. La imagen de Dios vistiendo a Adán y Eva simboliza Su amor restaurador para quienes fallaron en su relación con Él.

En nuestra vida diaria, como hombres, esposos y padres, podemos encontrar esperanza en este pasaje, al entender que, aunque enfrentemos las consecuencias de nuestras decisiones, Dios no nos desampara. Él sale a buscarte para restaurar tu relación con Él. Nuestra respuesta debe ser un acercamiento con humildad, reconociendo que Él, y solamente Él, es nuestra fuente de perdón y restauración.

Cuán precioso, perfecto y profundo es este texto de Génesis 3:21. Dios lo hizo todo. Él proveyó las pieles y los vistió. Encubrió la culpa de nuestros primeros padres. Vemos una imagen similar en el Evangelio de Lucas 15:22:

> «Pero el padre dijo a sus siervos: Sacad el mejor vestido, y vestidle; y poned un anillo en su mano, y calzado en sus pies».
>
> --

El hijo pródigo no tuvo que buscar su vestido ni mucho menos vestirse, el padre pidió que lo hicieran por él. Aunque no lo merecía, por su desobediencia, el padre derramó en él su misericordia, gracia y amor, y lo vistió con el mejor vestido. Me pregunto si nosotros haríamos lo mismo cuando nuestros hijos nos fallan.

Dios, en Su inmensurable amor, continúa saliendo en tu búsqueda para darte el mejor vestido. Tu responsabilidad de «labrar y guardar» el huerto, tu huerto, ahora es restaurada en Cristo Jesús, por Su gracia, para buenas obras.

> «Porque por gracia sois salvos por medio de la fe; y esto no de vosotros, pues es don de Dios; no por obras, para que nadie se gloríe. Porque somos hechura suya, creados en Cristo Jesús para buenas obras, las cuales Dios preparó de antemano para que anduviésemos en ellas» (Efesios 2:8-10).
>
> -------------

PREGUNTAS PARA REFLEXIONAR

1. ¿Qué significado e importancia tiene el acto de Dios de vestir a Adán y Eva?

2. ¿Qué nos enseña este texto sobre la naturaleza de Dios y Su relación con el hombre a pesar de su desobediencia?

3. ¿Cómo puedes compartir con otros la importancia de la provisión de Dios en momentos de necesidad y dificultad?

4. ¿Cómo puedes utilizar este texto bíblico para fomentar conversaciones sobre la fe, el perdón y la redención con tus hijos y familiares?

UN MENSAJE PARA
los abuelos

SESIÓN OCHO

Tengo un problema serio y profundo con Proverbios 17:6, en la versión tradicional, que dice:

> **«Corona de los viejos son los nietos, y la honra de los hijos, sus padres».**

Al leer este versículo y aplicarlo a mi vida, veo lo siguiente: Coral Delmar y Joel Javier, mis amados nietos, son mis coronas. Son los nietos más preciosos, hermosos, lindos, inteligentes, encantadores, maravillosos que hay sobre la faz de la tierra. Creo que lo he dicho repetidas veces.

Porque tengo nietos, soy abuelo. Pero porque soy abuelo, no quiere decir que soy viejo ni mucho menos anciano. Tan serio y fuerte es mi problema con la forma en que se tradujo esta parte de Proverbios 17:6 que me dediqué a estudiar el pasaje en su idioma original, el hebreo. Encontré que la palabra *zaquén* se traduce como: «viejo, anciano, envejecer, vejez». Por lo tanto, no hay nada que se pueda hacer. Es la traducción correcta.

Sin embargo, no me di por vencido. La edad que tengo me da el derecho de ser persistente, así que encontré una versión que va de acuerdo conmigo. En la Traducción en Lenguaje Actual (TLA) leemos:

> **«... la alegría de los abuelos son los nietos».**

¡Ahora sí! «... la alegría de los abuelos...», no de los viejos. Y aunque esta versión me gusta más, la realidad es que la palabra correcta en la Biblia es viejo o anciano. Entonces, al no quedar otra alternativa, me dediqué a reflexionar sobre los beneficios de ser menos joven. He aquí algunos:

- Debido a los años que hemos vivido, tenemos una mejor perspectiva de la vida.
- Hemos vivido suficiente tiempo para reconocer que la información no es sustituta del conocimiento ni mucho menos sabiduría.

- Nos convertimos en buenos detectives ya que podemos detectar cualquier tontería o cosas sin sentido que muchos dicen.

- Nos damos el privilegio de anunciar, cuando nos invitan a cenar, que cenamos a las 5 p. m. y no más de las 6 p. m.

- Compartimos en confianza los secretos con nuestros amigos contemporáneos, pues lo más seguro es que se les vaya a olvidar un segundo después de compartirlos.

- Con orgullo buscamos y disfrutamos de beneficios otorgados en diferentes lugares que ofrecen servicios extras o descuentos a los de la edad de oro.

- Con una sonrisa en el rostro vemos los errores que los más jóvenes cometen por no consultar a los que tenemos más conocimiento y sabiduría.

Lo que pensábamos de jóvenes no es lo mismo que pensamos ahora. Obviamente, a través de los años hemos adquirido una perspectiva diferente de la vida. Nuestros conocimientos son aplicados de mejor forma con discernimiento y sabiduría. Depende de nosotros usar lo que se nos ha conferido en beneficio de nuestros nietos, ya sea que usemos nuestros buenos recuerdos como ejemplo o aquellos recuerdos dolorosos que nos han servido como lecciones de vida.

La Biblia habla de los abuelos no solo de manera general, sino que también proporciona ejemplos específicos de los abuelos y sus interacciones con sus nietos. En Éxodo 10:2 (NTV), Dios ordena a los israelitas que compartan las maravillas del Señor con los hijos y con los nietos:

> **«También lo hice para que ustedes pudieran contarles a sus hijos y a sus nietos acerca de cómo puse en ridículo a los egipcios, acerca de las señales que realicé en medio de ellos, y para que ustedes sepan que yo soy el SEÑOR».**
>
> -------

Los padres y los abuelos tienen la responsabilidad de compartir con sus nietos su conocimiento de Dios y dar testimonio de lo que Él ha hecho en sus propias vidas.

Instrucciones similares las encontramos en Deuteronomio 6:1-2 (NTV), que vimos anteriormente.

> «Esos son los mandatos, los decretos y las ordenanzas que el SEÑOR tu Dios me encargó que te enseñara. Obedécelos cuando llegues a la tierra donde estás a punto de entrar y que vas a poseer. Tú, tus hijos y tus nietos teman al SEÑOR su Dios durante toda la vida. Si obedeces todos los decretos y los mandatos del SEÑOR, disfrutarás de una larga vida».

Hay un relato precioso de amor en la historia de Noemí y su nuera Rut que encontramos al final del capítulo 4 del libro de Rut. Mira lo que dice la Escritura sobre lo que dijeron las mujeres del pueblo respecto al hijo de Rut:

> «Y las mujeres decían a Noemí: Loado sea Jehová, que hizo que no te faltase hoy pariente, cuyo nombre será celebrado en Israel; el cual será restaurador de tu alma, y sustentará tu vejez; pues tu nuera, que te ama, lo ha dado a luz; y ella es de más valor para ti que siete hijos. Y tomando Noemí el hijo, lo puso en su regazo, y fue su aya. Y le dieron nombre las vecinas, diciendo: Le ha nacido un hijo a Noemí; y lo llamaron Obed. Este es padre de Isaí, padre de David» (Rut 4:14-17).

El cuidado, el amor y la ternura de los abuelos puede venir en muchas formas y no debe limitarse a aquellos que están relacionados biológicamente. En esta época de familias quebrantadas y de ataques continuos para eliminar el concepto de familia, existen numerosas oportunidades para que las generaciones mayores desarrollen relaciones afectuosas y cuidadosas con los niños que lo necesitan. Usted puede ser ese «abuelo» que un niño en su congregación tanto anhela.

¿Cómo describo el amor de los abuelos? El amor de abuelo se experimenta como cuando uno va al gimnasio por primera vez y realiza cuarenta minutos de ejercicios extremos. Al otro día te duelen músculos que no sabías que existían en tu cuerpo. Ser abuelo es igual, comienzas a descubrir emociones y sentimientos que no sabías que estaban en ti. Este amor es el que me ha impulsado a hacer cosas con mis nietos que nunca pensé que haría y hacer cosas que había declarado firmemente que nunca haría. Es el amor que me hace descubrir emociones y sentimientos que no sabía que estaban en mí y me motivan a que ellos tengan y guarden gratos recuerdos de mí. Sin embargo, por encima de todos los recuerdos que guarden y han de guardar en mis vivencias con ellos, quiero ser un ejemplo para mis nietos y que puedan ver a Cristo en mi vida. Cuando mis nietos lean la Biblia, que la lean a través de mi vida con ellos.

Quiero que mis nietos siempre sepan que están cada día en mis oraciones. Reconozco que mis oraciones últimamente han estado cargadas de egocentrismo, pues le he pedido a Dios que no me quite de este mundo hasta no ver a mis nietos crecer, graduarse de la universidad, alcanzar sus metas, casarse y hasta llegar a ver a mis bisnietos. He tenido la osadía de pedirle a Dios que tenga todo su ejército de ángeles protegiendo a mis nietos cada segundo de sus días.

Recuerda, los abuelos también son ejemplos para los nietos. Ellos nos están observando en todo momento. Aun cuando aparenten no hacerlo, sí lo hacen. Entonces, de la misma manera que Pablo decía: «... sean imitadores de mí, como yo lo soy de Cristo», debemos ser imitadores de Cristo para que nuestros nietos lo vean. No se trata solamente de leerles una historia bíblica antes de que se acuesten a dormir, sino también de que ellos vean tu historia, la historia que Cristo ha escrito en tu vida, cada día. Tienes mucho por aportar e influir en la vida de tus nietos, pero todo dentro del entendimiento que ahora les corresponde a los padres de tus nietos cuidar de su hogar, su huerto.

Hay mucho más para compartir en cuanto al tema de los abuelos, pero lo dejaré para una próxima publicación.

LA IGLESIA EN EL MINISTERIO de los padres

SESIÓN NUEVE

Antes de desarrollar el tema del papel de la iglesia en el ministerio de los padres quiero mencionar la aportación a este tema por parte de Daniel Darling en su artículo «El poder de la fe de un padre», del cual hablaré con frecuencia en este capítulo.

En una reunión donde se planteaba el tema de la paternidad a nivel mundial, uno de los participantes dijo: «La ausencia del padre en la vida de sus hijos es un hecho nacional en nuestros países de origen o en el país donde residimos».

En palabras de mi buen amigo Jonathan Habashy: «Debido a los trágicos cambios geopolíticos y culturales que ocurren en todo el mundo (genocidio masivo, erosión cultural de los roles tradicionales del hogar, etc.), la familia está siendo atacada como nunca. Literalmente, la paternidad es concepto tardío, y la necesidad urgente de los padres está siendo completamente descartada. Esta realidad está poniendo en riesgo a toda una generación, y eso es solo el comienzo. Lo que sigue podría traer una oscuridad incalculable a las culturas de todo el mundo».

La necesidad de redimir a los padres a través del poder del Espíritu Santo es de carácter urgente. Este proceso de redención tiene lugar en los hogares redimidos, donde la luz de Cristo resplandece en medio de comunidades necesitadas de que se les muestre un camino más excelente. Transformar a un hombre en su rol de padre (alineado con la perspectiva bíblica), es renovar y transformar a las familias para las generaciones venideras. Este es el mensaje mismo del evangelio de Jesús, ya que la paternidad bíblica pone a Cristo en el centro absoluto de cada familia.

Dios me ha permitido compartir el tema de la paternidad bíblica en varios países: Cuba, Puerto Rico, España, Panamá, Ecuador, Perú, Colombia, México e iglesias hispanas en Estados Unidos. En todas ellas me encontré con muchos hombres que han tenido una experiencia difícil con su padre. He observado que varios de ellos están cargados por heridas que han dejado sus propios padres. Y he tenido la oportunidad de conocer a hombres que aún no conocen a sus padres. Ya sea que lo reconozcan o no, en sus corazones están buscando aún esa figura paterna, el amor y el abrazo de un padre, las palabras de un mentor, hombres de Dios que puedan llenar ese vacío. He visto y compartido con los que «ponen sus energías en sus carreras profesionales, buscando validación y afirmación en sus trabajos.

Otros ahogan su dolor en el consumo de medicamentos recetados, bebidas alcohólicas, actividades ilícitas o inmorales, relegando sus responsabilidades con la familia».[66]

He visto que muchos de los hombres, en nuestras iglesias, nunca experimentaron el amor y la afirmación de un buen padre. Puedo dar testimonio de esto, ya que soy uno de ellos. He compartido con los que en su interior están buscando una figura paterna que refleje el amor del Padre Celestial. Estos son los que necesitan con urgencia entender que Dios los estaba cuidando y esperando, así como el padre del hijo pródigo esperó por él. Dios es el Padre que muestra Su amor incondicional por ellos, que los ama por lo que son, no por lo que podrían ser o deberían ser. Presta atención, es maravilloso saber y sentirse amado por el Padre celestial con todas nuestras cargas, heridas y faltas.

Los pastores pueden comunicar estos mensajes en sus predicaciones y ofrecer audazmente el evangelio a esos corazones necesitados por medio de un mensaje relevante, entendible y práctico. Pueden lograrlo al establecer relaciones como un mentor que afirma las vidas espirituales de los hombres de su congregación. Al igual que Bernabé a Pablo y Pablo a Timoteo, un pastor puede dirigir a los hombres a quienes pastorea en una trayectoria espiritual positiva.[67]

Son muchos los varones que he conocido en los talleres y las conferencias que carecieron o carecen del ejemplo a seguir de un padre bíblico. No han tenido un modelo o una «plantilla» con la que puedan dar forma a su propia experiencia como padres. Como iglesia, no podemos asumir que ellos han de entender cómo ser buenos padres por el sencillo hecho de que llegaron un domingo a la iglesia o están allí sentados junto a su esposa cada domingo como si fuese parte de una lista de cosas por hacer. Yo espero que entiendas lo que estoy por decir: ser el hombre, esposo y padre que Dios quiere que seas no ocurre por ósmosis. Requiere un discipulado intencional sobre la paternidad bíblica.

Suena ilógico, pero incluso aquellos que crecieron en hogares cristianos con buenos padres necesitan guía bíblica para criar a sus familias. Muchos de estos hombres se encuentran tentados a alejarse de la autoridad espiritual en el hogar que Dios les ha conferido. Al hacerlo, a menudo relegan la capacitación y la instrucción de los hijos a sus esposas. Lo contrario también es cierto cuando los hombres están tentados a ver el hogar como el lugar donde ejercer poder y control, donde ser «purititos machos» y saciar sus apetitos mientras se enfocan en sus trabajos y en los llamados «amigos y compadres».

Los pastores no deben en ningún momento titubear en equipar a los hombres para que sean padres como Dios quiere que sean, en agitar a esta y la futura generación de padres con la Escritura y la oración, en discipularlos de modo intencional en el camino del Señor. Sabemos que esto requiere inversión de tiempo y esfuerzo. No podemos asumir que los hombres que entran en nuestras iglesias entienden lo que la Biblia dice acerca de la paternidad. Muchos están buscando respuestas, y no se sienten confiados en su capacidad de ser el hombre y el esposo que sus esposas necesitan que sean ni el padre que sus hijos anhelan tener. Tal vez se estén preguntando si son los hombres, esposos y padres que Dios quiere que sean.[68]

Cuando los pastores desafían a los hombres en sus iglesias, especialmente en el Día del Padre, si es que predican ese día sobre la paternidad, pueden caer en la tentación de llamarlos a la responsabilidad a través de insultos, tal y como lo hace la cultura hoy día. Entonces, vemos una tendencia en muchas iglesias: en el Día de la Madre se honra a las mamás, y en el Día del Padre minimizamos o regañamos a los papás.[69]

Los padres que están presentes en su iglesia, aquellos que se preocupan, los que están trabajando para apoyar a sus familias y están tratando de guiarlas espiritualmente, necesitan afirmación, exhortación, ánimo y motivación. La mayoría de los padres no admitirán esto, sino que en su interior se sienten inadecuados para la tarea que tienen por delante. Son estos, como muchos otros hombres, los que se encuentran viviendo en una cultura que les dice que no valen nada, que son tóxicos, que son el problema o parte del problema.[70]

Por lo tanto, la iglesia debe ser un lugar donde escuchen palabras de aliento, donde encuentren expresiones de ánimo que los afirmen a cumplir con su rol de padres. Que comprendan y valoren que Dios los ha equipado y que Su Espíritu los ha empoderado para ser los líderes espirituales del hogar.

Mira, no se trata de ser perfectos, sino de vivir cada día imitando y reflejando a Cristo en nuestras vidas como padres. Como ya compartí antes, existe una crisis de paternidad en nuestras comunidades, pero tu iglesia puede ser el lugar donde los hombres encuentren esperanza en su Padre celestial y donde puedan ser equipados y fortalecidos para cumplir con sus responsabilidades como padres.

Los pastores, al igual que Pablo a la iglesia en Tesalónica, pueden afirmar, equipar y fortalecer a los padres en sus predicaciones y ofrecer de manera audaz el evangelio a esos corazones necesitados con un mensaje relevante, entendible y práctico. Al igual que Jesús, los pastores pueden enseñar en el contexto diario de estos hombres empleando situaciones que les sean familiares.[71]

Nos falta mucho por hacer, y la iglesia debe reconocer que la sociedad, en su conjunto, ha perdido el sentido de que los padres son trascendentales y que ser padre es una posición honorable e importante. El papel del padre se ha vuelto irrelevante en esta cultura.[72]

Cierro este capítulo con unas palabras que me causan dolor. Waylon Ward expresa: «Desafortunadamente, la Iglesia cristiana, por muchas razones, ha perdido su influencia sobre la mayoría de los hombres. Ellos no ven la iglesia como un lugar donde se pueda entrenar o ayudar con la paternidad e incluso con las heridas de un padre. No tienen el concepto de que deben ser representantes del Padre celestial ante sus hijos. Hasta que la iglesia contemporánea no aborde este tema, es poco probable que sea una influencia significativa en esta cultura».[73]

¿Qué crees? ¿Estás de acuerdo? Si tu respuesta es positiva, ¿qué debemos hacer? ¿Cómo puede ayudar la iglesia?

MARCA EL PROPÓSITO como padre

SESIÓN DIEZ

Sí, el padre marca el propósito de sus hijos. La importancia del rol paterno es significativo y esencial. Es un llamado solemne que refleja la imagen y la semejanza del Padre celestial.

En el mes de abril del 2022 tuve la oportunidad de dar una serie de conferencias sobre la paternidad en la preciosa ciudad de Quito, Ecuador. Al mencionar que tradicionalmente al hombre se le ha enseñado a cumplir con las tres P: procrear, proveer y proteger, uno de los pastores mencionó que debemos añadir una «p» más: «propósito». El padre debe dar «propósito» a sus hijos.

Ser un padre, ser un buen padre, significa dar a los hijos instrucción, motivación, cuidado, atención, dirección y amor entre otras muchas responsabilidades. Ser un buen padre es mucho más que cumplir con ciertas expectativas, que a través de los años han ido cambiando y creando confusión. Es mucho más que tener un título que demanda respeto. Un padre comprometido, involucrado en la vida de sus hijos, se preocupa profunda y abnegadamente por ellos, los ama de manera incondicional y marca el propósito de sus hijos.

La película *Un mundo perfecto*, protagonizada por Kevin Costner, refleja muy bien la herida del padre y la separación a la que es sometido un niño. Butch, el personaje que interpreta Kevin Costner, es un convicto que acaba de fugarse de la prisión. De niño había sido maltratado. Su padre había estado ausente y su madre tuvo varios hombres en su vida, pero ninguno fue figura paterna para Butch. En su escape, Butch asalta una casa y secuestra a un niño como rehén. El niño vive con su madre y sus hermanas. No hay figura paterna. Su madre no le deja participar de fiestas, ni de juegos de niños, y lo sobreprotege. El secuestrador y el secuestrado irán forjando, a lo largo de la película, una relación muy interesante, supliendo las carencias del otro. Para Butch, William era el hijo que nunca tuvo, y para William, Butch era el padre que nunca estuvo. Butch suple la presencia activa de un padre que reafirma y va rescatando en él su paternidad adormecida.

A medida que se desarrollan una serie de eventos complejos, descubrimos el tema real de la película: trata bien a los niños, edúcalos debidamente, forja un carácter sólido y piadoso en ellos y no tendrás que encarcelarlos más adelante o tener que verlos cometer actos violentos. De ahí, la suprema importancia de que los padres sepamos transmitir a nuestros hijos recuerdos y vivencias gratas y edificantes, espacios de intimidad compartidos y enseñanzas bíblicas, de moral y ética cristiana sólidas. Que sepamos pasar tiempo con ellos y aprovechar los momentos impresionables de la niñez para inculcar en nuestros hijos los valores y los afectos que harán de ellos hombres y mujeres de Dios.

El niño necesita la figura comprometida y activa del padre que provee seguridad y es la brújula que marca su norte. Las niñas necesitan la figura comprometida y activa del padre que las ama, las protege y las valora. El mensaje es que hay un padre, un papá que ama, que valora, pasa tiempo con sus hijos y les enseña a ser un hombre o una mujer que refleja la imagen de Cristo.

Siempre que comparto las enseñanzas sobre paternidad, las palabras del evangelista Billy Graham llegan a mi mente: «Un buen padre es uno de los patrimonios más valiosos de nuestra sociedad; sin embargo, es uno de los más olvidados, menos apreciados e ignorados».

En el libro de Habacuc encontramos una pregunta que resuena hoy en día:

> **«¿Hasta cuándo debo pedir ayuda, oh Señor? ¡Pero tú no escuchas! "¡Hay violencia por todas partes!", clamo, pero tú no vienes a salvar» (Habacuc 1:2, NTV).**

¿Hasta cuándo vamos a seguir permitiendo que la función del padre sea afectada en nuestras sociedades y culturas? ¿Hasta cuándo vamos a permitir que los padres, los que quieren ser buenos padres, sean los más olvidados, menos apreciados e ignorados? ¿Hasta cuándo?

Varones, padres, pastores, líderes de ministerios: el momento de actuar es ahora. El Señor Jesucristo nos llama a «ser diferentes»; a ser diferentes como hombres de Dios, como esposos, como padres y como líderes. La responsabilidad que esto conlleva es grande. Tratar de llevar a cabo estas funciones sin la presencia de Dios en nuestras vidas es buscarnos una agobiante migraña o insoportable úlcera en el estómago. Mi querido hermano, Dios te ha dado las herramientas necesarias para llevar a cabo tu labor como padre. Emprende tu tarea con amor y pasión y verás a tus hijos crecer y a tu hogar, comunidad e iglesia florecer.

Volvamos al diseño original de la paternidad de Dios. Dejemos de preguntarnos: ¿hasta cuándo? Dejemos de señalar a otros y seamos parte de la solución. Es lo que Dios quiere para cada uno de nosotros como padres. Es lo que la esposa desea. Es lo que los hijos anhelan. No quiero ser parte de una aseveración como los olvidados, menos apreciados e ignorados, ni mucho menos de una colección de estadísticas. Como padres marcamos el destino y damos propósito a nuestros hijos. Seremos recordados cada día, apreciados en todo tiempo y estaremos presentes en la vida de nuestros hijos.

Confiemos en la obra transformadora de Dios y corramos juntos para «llevar a otros el mensaje sin error» (Habacuc 2:2b).

ENTREGA EL batón

SESIÓN ONCE

Uno de los momentos más desalentadores de la historia olímpica de Estados Unidos fue en 1988 cuando los juegos se celebraron en Seúl, Corea del Sur. El equipo estadounidense de relevos, cuatro corredores por cada cien metros lisos, estaban seguros de que iban a romper el récord mundial. Estaban convencidos de que eran los mejores. Todos daban por sentado que iban a ganar. Sin embargo, cuando se estaban acercando al final de la carrera, ocurrió algo inesperado; al equipo de Estados Unidos se le cayó el batón y, en un instante, habían perdido la carrera. El equipo estadounidense había confiado en su velocidad y no había practicado lo suficiente la entrega del batón que, por otro lado, es una habilidad indispensable para terminar bien la carrera.

En la paternidad bíblica pasa algo similar: tenemos que practicar la entrega del batón dentro de la zona correcta. De nada sirve dejar a nuestros hijos grandes sumas de dinero, propiedades, ni mucho menos lograr que se nos inmortalice por grabar nuestro nombre en un monumento si no pasamos el batón correctamente a la siguiente generación. Cuando lleguemos al instante de partir de esta vida terrenal, lo único que va a contar son los nombres de nuestros hijos, familiares, amigos y otros tantos que entendieron que tenían que «ir y hacer discípulos», y lo entendieron porque siempre fue una prioridad para ti caminar hacia la madurez en Cristo. Este es el mejor legado que podemos dejar.

Podemos definir el vocablo «legado» como lo material o inmaterial que se deja en un testamento o se transmite de padre a hijos de generación en generación. Legado es un término derivado del vocablo latín *legatum* y se trata de aquello que un individuo transmite a otros, por lo general, sus descendientes, discípulos u otras personas. En algunos casos esa transmisión es voluntaria y concreta, aunque también el legado puede constituirse mediante el ejemplo y los valores éticos de alguien. Es lo que dejamos como resultado de nuestra vida en este mundo.

Si lo pensamos bien, dejar un legado no es asunto fácil. No es el resultado de un momento de inspiración ni el acto de firmar un documento legal frente a un abogado o notario estableciendo qué propiedades o valores has de transferir a tus herederos. Un legado es el esfuerzo de una vida que con dedicación se convierte en una existencia inspiradora, que deja una herencia visible y vigente a pesar de la partida.

Dejar un verdadero legado espiritual toma toda una vida, mientras se busca acumular tesoros en el cielo donde la polilla y el óxido no pueden destruir y los ladrones no entran a robar; pues, donde esté tu tesoro, allí estarán también los deseos de tu corazón (Mateo 6:20-21). Al final, dejar un verdadero legado es dejar un corazón lleno de tesoros eternos que no se acaban y que nunca estarán en peligro, pues no son nuestros, sino del Señor.

No tuve el privilegio de conocer a mis abuelos. De mi abuelo paterno solo tengo una foto, una colección de sus poesías y unas pocas historias de su vida. Por mucho tiempo estuve orando para que Dios me diera la bendición y el privilegio de conocer a mis nietos y que ellos me conocieran. Dios complació la petición de mi corazón con dos preciosos nietos.

Mis nietos saben de mi amor por Dios. Como dice mi amado nieto J. J.: «Dios está contento porque papá (yo) trabaja para Dios enseñando a los papás a ser buenos papás, y eso es bueno». Quiero dejarle a mis hijas y a mis nietos el ejemplo de mi fe y de mi servicio al Señor; lo cual es mi más alta prioridad. Quiero ver a mis hijas y nietos sirviendo a mi Dios y Salvador como yo lo he estado haciendo.

Amo a mis hijas y a mis nietos profundamente, hasta la nave espacial más lejana y de regreso. ¡Se me hace difícil describir mi amor por ellos! De mi parte quiero que tomen el ejemplo de poner su propio esfuerzo y dedicación para cumplir sus metas y deleitarse en sus logros a través de Dios. A ellos les recuerdo que nuestro Señor es fiel y Su presencia es permanente. David dijo a su hijo Salomón lo siguiente:

> **«Sé fuerte y valiente y haz el trabajo. No tengas miedo ni te desanimes, porque el Señor Dios, mi Dios, está contigo. Él no te fallará ni te abandonará» (1 Crónicas 28:20, NTV).**

> -------------------------

A mis 67 años (edad que tengo al escribir este libro, y edad que para algunos me descalifica para la obra ministerial), estoy viviendo, disfrutando y experimentando la bendición de la presencia de Dios en mi vida cada día. Anhelo que tanto mis hijas como mis nietos la hayan percibido, y lo sigan haciendo, y oro como David oró por su hijo:

> «Dale a mi hijo Salomón el deseo de obedecer de todo corazón tus mandatos, leyes y decretos, y de hacer todo lo necesario para edificar este templo, para el cual he hecho estos preparativos» (1 Crónicas 29:19, NTV).

A ellos quiero dejarles las innumerables oraciones diarias que elevé al Señor por mis hijas y mis nietos. Quiero dejarles mis escritos con todos mis errores gramaticales, pues reflejan todas mis imperfecciones y faltas. Dios continúa obrando en mi vida y me ha considerado digno de confianza para servirle en el ministerio de la paternidad bíblica. Es lo que pretendo hacer hasta el día en que yo sea «editado» por el verdadero y único editor en jefe, mi Señor y Salvador Jesucristo.

El legado se construye cada día para los hijos, todo cuanto ocurre, todo cuanto ellos escuchan y ven en sus padres va conformando lo que es parte de ese legado. En la memoria quedarán grabadas aquellas cosas que, de una forma u otra, los impactaron. Se dice que algunos hombres desarrollan carreras profesionales, otros levantan imperios, pero inauditos son los hombres que dejan un legado de una vida digna de Dios.

¿Qué legado vas a dejar a tus hijos? ¿A los hijos de tus hijos? ¿Cómo te recordarán?

PALABRAS finales

SESIÓN DOCE

Quiero compartir con ustedes información sobre lo que es una crisis mundial: la ausencia física, emocional y espiritual del padre en la vida de sus hijos, en la vida de su esposa, en el hogar y en la iglesia.

No puedo seguir adelante sin antes citar a David Blankenhorn, autor del libro *Fatherless America. Confronting Our Most Urgent Social Problem* [Una América sin padres. Afrontando nuestro problema social más urgente]. Sus palabras han impactado mi corazón: «La ausencia del padre es la tendencia demográfica más dañina de esta generación. Es la principal causa de la disminución del bienestar infantil en nuestra sociedad».[74]

Blankenhorn expande este tema al decir que no solamente se trata de la ausencia del padre en la vida de los hijos, sino también de una cultura donde el padre está ausente. Ante esto, declara que la ausencia más importante que nuestra sociedad debe enfrentar no es solo la ausencia de padres, sino también la de nuestra creencia en los padres.[75] Quiero enfatizar las palabras de Blankenhorn al reafirmar: «La ausencia de nuestra creencia en los padres». ¡Son palabras fuertes! Nos enfrentamos a una realidad donde se ha denigrado, minimizado y menospreciado el papel del hombre como padre. Es en esta cultura donde está permitido, aceptado y normalizado que el padre esté ausente, donde se ha arrancado y se continúa desgarrando al hombre del núcleo del hogar, y se lo considera como innecesario, hasta el punto de que se ha llegado incluso a calificarlo como algo tóxico.

¡ESTADÍSTICAS Y MÁS ESTADÍSTICAS!

«Los hechos son obstinados, pero las estadísticas son más flexibles», la cita se le atribuye al autor norteamericano Mark Twain. Yo creo que las estadísticas ayudan mucho para presentar una realidad, o por lo menos darnos una buena idea de la realidad.

El impacto de la ausencia del padre ha sido motivo de estudios por muchas organizaciones y agencias de gobierno. Sin embargo, las estadísticas, como las que se presentan a continuación, son solo meros datos a menos que se ponga en marcha un plan de trabajo para cambiar el rumbo de la cultura del padre ausente y nos encaminemos a una paternidad centrada en Cristo y en la Biblia.

Según la Oficina del Censo de los Estados Unidos, para el año 2023, 17.8 millones de niños, casi 1 de cada 4, vivían sin un padre biológico, adoptivo o una figura paterna en el hogar. Eso es suficiente para llenar la ciudad de Nueva York dos veces o la ciudad de Los Ángeles, California cuatro veces.[76]

Las investigaciones muestran que la ausencia de un padre afecta a los niños de muchas maneras desafortunadas, mientras que la presencia de un padre que se conecta con sus hijos marca una diferencia positiva en la vida de los niños como de las madres.

Un niño que se cría en un hogar en el que el padre está ausente, puede verse afectado de las siguientes maneras:[77]

- El riesgo de pobreza es cuatro veces mayor.
- Mayor probabilidad de tener problemas de conducta.
- Mayor probabilidad de ir a la cárcel.
- Mayor probabilidad de cometer delitos.
- En las niñas, la probabilidad de quedar embarazadas en la adolescencia es siete veces mayor.
- Mayor probabilidad de enfrentarse al abuso y la negligencia.
- Mayor probabilidad de abusar de las drogas y el alcohol.
- La probabilidad para abandonar la escuela es dos veces mayor.

Ahora, no quiero presentar solamente unas estadísticas o datos que reflejen un cuadro sombrío sobre el tema de la paternidad. Después de todo, el propósito principal de este libro es cambiar el rumbo de la cultura del padre ausente hacia una cultura de la paternidad redimida en Cristo, una paternidad bíblica, del padre comprometido, involucrado, que forma parte integral del núcleo familiar que refleja la imagen de Dios. Veamos entonces algunos datos positivos sobre la influencia del padre:[78]

El 82 % de los estudios sobre la participación del padre y el bienestar de los niños publicados desde 1980 encontraron «asociaciones significativas entre la participación positiva del padre y el bienestar de los hijos».[79]

En un análisis de más de 100 estudios sobre las relaciones entre padres e hijos, se encontró que tener un padre amoroso y cariñoso era tan importante para la felicidad, el bienestar y el éxito social y académico de un niño como tener una madre amorosa y cariñosa. Algunos estudios incluso indicaron que el amor paternal contribuyó más a algunos resultados positivos importantes para el bienestar de los niños.[80]

Una investigación de la Universidad de Pensilvania en Estados Unidos, indica que los niños que sienten cercanía y calidez con su padre tienen el doble de probabilidades de ingresar a la universidad, un 75 % menos de probabilidades de tener un hijo en la adolescencia, un 80 % menos de probabilidades de ser encarcelados y la mitad de las probabilidades de mostrar varios signos de depresión.[81]

En un estudio de 26 años de duración, los investigadores encontraron que el factor número uno en el desarrollo de la empatía en los niños era la participación del padre. Que los padres pasaran tiempo a solas con sus hijos se tradujo en niños que se convirtieron en adultos compasivos.[82]

Entonces, tenemos ante nosotros estudios realizados por años sobre el impacto negativo de la ausencia del padre en la vida de los hijos, como también la influencia significativa y positiva de la presencia física, emocional y espiritual del padre en la vida de los hijos. Las investigaciones y las estadísticas son útiles para darnos un cuadro de lo que está sucediendo, pero son simplemente números hasta que se ponga un plan de acción positivo que impacte generaciones.

UN POCO DE HISTORIA

Hablemos brevemente de la celebración del Día del Padre. Según un artículo publicado en BBC News, a finales de 1909, tras el sermón del Día de la Madre en Spokane (Washington, Estados Unidos), Sonora Smart-Dodd decidió honrar también a su padre, quien crio él solo a seis hijos luego de la muerte de su esposa. Sonora presentó una petición a la Alianza Ministerial de Spokane para que se instaurara el Día del Padre, y la idea tomó forma. Sin embargo, no fue un día festivo oficial en Estados Unidos hasta 1972, cuando el presidente Richard Nixon reservó el tercer domingo del mes de junio para su celebración, y lo convirtió en ley.

William Smart, el padre de Sonora Smart-Dodd, fue un veterano de la guerra civil estadounidense que enviudó al fallecer su esposa mientras daba a luz a su sexto hijo. Se quedó solo y sin apoyo y tuvo que asumir la tarea de cuidar y educar a sus seis hijos en una granja al este del estado de Washington. Debido a eso, Sonora Smart-Dodd vio en su padre un hombre valeroso, cariñoso y desinteresado que había realizado todo tipo de sacrificios para sacar adelante a su familia. Al principio, ella intentó señalar el 5 de junio, fecha del cumpleaños de su padre, como el día de fiesta por los padres, pero no encontró apoyo. En 1972 se oficializó el tercer domingo del mes de junio para brindar su homenaje a los padres. A partir de este instante, la celebración se extendió rápidamente a Europa, América Latina, Asia y África. Al principio, el Día del Padre tenía carácter puramente familiar y no comercial.[83]

En España, aunque la fecha del Día de los Padres está ligada a la celebración de la Iglesia católica sobre San José, esposo de María, la madre de Jesús, la festividad tiene un origen muy cercano y vinculado a las escuelas. Su propulsora fue la maestra madrileña Manuela Vicente Ferrero, una mujer que en 1948 decidió celebrar con las alumnas de su clase el Día del Padre al igual que hasta entonces se hacía con el Día de la Madre y se encargó de organizar un festival infantil, una misa y que las niñas que estaban a su cargo elaborasen una manualidad para regalar a sus padres. Manuela Vicente, más conocida como Nely, eligió el 19 de marzo como fecha clave para esta conmemoración porque es el Día de San José y ella consideraba que este santo era un modelo a seguir como padre: sacrificado, humilde y trabajador.[84]

Ya hemos visto el origen de la celebración del Día del Padre. Ahora, ¿qué significa la palabra «padre»? ¿Es un título o una función? ¿Es un asunto netamente biológico y de procreación, o del corazón?

Se dice que las definiciones determinan las interpretaciones. Por lo tanto, es sumamente importante que podamos entender con claridad el significado de la palabra padre de manera que nos sirva no solamente para tener una correcta interpretación de la misma, sino también de lo que se espera de un padre, ya sea biológico o de quien asume la responsabilidad de figura paterna.

El significado de esta palabra por lo general denota a aquel hombre que asume y desarrolla un papel paternal, y que puede haber engendrado o no directamente a su(s) hijo(s). Por esto se entiende que, además del nexo biológico del cual puede derivarse esta denominación al ser progenitor, se trata también de una figura que puede construirse mediante la adopción, y en general ocurrir en diferentes contextos socioculturales. Este rol está ligado al acompañamiento, la nutrición, la protección y la educación. En sentido figurado, y en sentido masculino, aquello de donde ha emanado algo, bien por descubrimiento o generación. Por ejemplo: Hipócrates y Galeno son considerados los padres de la medicina.[85] Clemente de Roma, Ignacio de Antioquia, Policarpo de Esmirna son considerados como padres apostólicos.

En el Antiguo Testamento, el vocablo hebreo de padre es *ab*. La palabra *Abbá*, que denota intimidad, seguridad, afecto y confianza al referirse al padre, se deriva de esta raíz. En el Nuevo Testamento, el término griego de padre es *patér*. Ambas palabras denotan varios conceptos básicos que incluyen lo siguiente: origen o procedencia, alguien que nutre, sustentador, protector, defensor, alguien que apoya, fundador. La palabra hebrea *ab* también se refiere a predecesor, que implica quien no solamente comienza y provee para futuras generaciones, sino también da a su generación identidad.[86]

Un papá puede darle muchas cosas increíbles a su familia; sin embargo, lo primero que debe tener en cuenta es que, como padre, forma parte del núcleo imprescindible en su hogar.[87] El padre proporciona enseñanza esencial, guía, motivación, corrección, amor y retroalimentación, y puede hacerlo en cualquier lugar, sin límite y de cualquier forma creativa en el día a día. El impacto que tiene la presencia del padre en la vida de sus hijos es fundamental y duradero.

Una de las dimensiones más importantes y duraderas de la paternidad tiene que ver con los sentimientos de sus hijos. Ellos necesitan sentirse reconocidos y aceptados por sus padres; ellos precisan sentirse especiales en la relación con su papá. La paternidad es más que simplemente proporcionar comida, ropa y un techo a los niños y dejar que las madres se encarguen del resto. Los padres deben comprometerse plenamente en el desarrollo físico, mental, social y espiritual de sus hijos desde el día que nacen. De hecho, deben prepararse en su función de padres desde antes del nacimiento. Los padres deben proporcionar a sus hijos la seguridad confiable de su amor incondicional y protector.

Es interesante que la misma psicología afirma, desde los días de Sigmund Freud, que una identificación con el padre sigue siendo necesaria para el buen desarrollo del niño hacia la madurez. En palabras de Freud: «No puedo pensar en ninguna necesidad en la infancia tan fuerte como la necesidad de la protección de un padre».[88] Y ya que estamos citando frases famosas, te comparto unas palabras de Mario Puzo, el aclamado autor de *El padrino*: «Un hombre que no sabe ser un buen padre, no es un auténtico hombre». Están en línea con una expresión que tal vez ya has escuchado: «Cualquier hombre puede procrear un hijo, pero se requiere un hombre especial para ser papá».

Te dejo con estas palabras:

Nos vemos pronto en el barrio, un cafecito a la vez.

Notas

1. James Swanson, *Diccionario de idiomas bíblicos: Hebreo* (Lexham Press, 2014).
2. Gerald Nyenhuis y James P. Eckman, *Ética cristiana: Un enfoque bíblico-teológico* (Editorial Unilit, Miami, Florida, 2002), p. 475.
3. Pedro Ortiz, *Léxico hebreo-español y arameo-español* (Sociedades Bíblicas Unidas, Madrid, 1997).
4. James Swanson, *Diccionario de idiomas bíblicos: Hebreo* (Lexham Press, 2014).
5. Adriana Díaz Tirado, «Alertas ante el uso descontrolado de redes sociales». *El Nuevo Día*, 5 de abril del 2025.
6. Rafael Gutiérrez y Bill Dotson, *Herramientas de papá: Descubriendo las herramientas esenciales en tu caja de herramientas de papá* (Dallas, Texas: Padre de corazón), pp. 60-61.
7. Arthur W. Pink, «Paternidad: Responsabilidad y privilegio» en *Portavoz de Gracia*. No. 25. (formato electrónico).
8. Esta cita se le atribuye tanto a Martín Lutero como al doctor Martin Luther King.
9. Billy Graham, Sermón de Billy Graham: El poder de la oración, 31 de mayo del 2024: https://es.billygraham.org/sermones/hay-poder-en-la-oracion/.
10. R. C. Sproul, *¿Puede la oración cambiar las cosas?: Preguntas cruciales*, No. 3 (Colombia: Poiema Publicaciones, 2017) pp. 19-20.
11. *Ibid.*
12. *Ibid.*
13. *Ibid.*
14. *Ibid.*
15. Lexie Pelchen, rev. Samantha Allen (28 de junio del 2024). «Internet Usage Statistics In 2025». Forbes. Consultado el 11 de junio del 2025. https://www.forbes.com/home-improvement/internet/internet-statistics/.
16. Ruchi Gupta (29 de enero del 2024). «How Many Websites Are There?». Themeisle. Consultado el 11 de junio del 2025. https://themeisle.com/blog/how-many-websites-are-there/.
17. Ken Canfield, *They Call Me Dad: The Practical Art of Effective Fathering*. (Nueva York, NY: Howard Books, 2005), p. 116.
18. Chip Ingram, *Portrait of a Father: How to be the Dad your child needs* (Suwanee, GA: Living of the Edge, LLC, 2021).
19. Pablo Hoff, *Pentateuco* (Deerfield, FL: Editorial Vida, 1990), p. 241.
20. *Ibid.*
21. Alfonso Ropero, ed., *Gran Diccionario Enciclopédico de la Biblia* (Barcelona: Editorial CLIE, 2014), pp. 611-612).
22. Jeremy Pryor, *Family Revision: How Ancient Wisdom Can Heal the Modern Family* (Family Teams, 2019).
23. *Biblia de estudio LBLA* (Nashville, TN: B&H Español, 2008).
24. José M. Saucedo Valenciano, *Bendiciones del cielo para la familia* (El principio de la sabiduría, 2017), pp. 19-20.
25. Ingram, p. 60.
26. G. Smalley y J. Trent, *La bendición* (Miami, FL: Editorial Betania, 1990), p. 24.

27. Al Gore, «VP Al Gore Fathers Initiative Summit (2000)», CONUS Archive, 2 de junio del 2000. https://www.footage.net/ClipDetail?supplier=conus&key=14784375. Consultado el 14 de julio de 2025.

28. Waylon Ward, *Who's Your Daddy? Healing the Father Wound* (Maitland, FL: Xulon Press, 2009), p. 29.

29. Ken Canfield, *The Heart of a Father: Shaping One Young Life at a Time* (Chicago, IL: Northfield Publishing, 2006).

30. Ibid.

31. Navarro, J. (enero, 2017). *Definición de exhortar.* Significado.com. Desde https://significado.com/exhortar/.

32. W. E. Vine, *Diccionario expositivo de palabras del Antiguo y Nuevo Testamento: Exhaustivo de Vine* (Nashville, TN: Grupo Nelson, 2007).

33. James Strong, *Diccionario Strong de palabras originales del Antiguo y Nuevo Testamento* (Editorial Caribe, 2002).

34. Definición de «animar». Diccionario de la lengua española. Consultado el 14 de julio de 2025. https://dle.rae.es/animar?m=form

35. Jorge Himitian, *El proyecto del eterno: Efesios en 12 semanas* (Buenos Aires: Editorial Logos, 2006).

36. *Ibid.*

37. Charles R. Swindoll, *Swindoll's Living Insights: New Testament Commentary, Galatians-Ephesians* (Carol Stream, Ill: Tyndale House Publishers, 2015) p. 292.

38. Himitian.

39. Claudionor Corréa de Andrade, *Diccionario teológico: Con un suplemento biográfico de los grandes teólogos y pensadores* (Editorial Patmos, 2002), p. 29.

40. Himitian.

41. Dr. Quentin McGhee, *Epístolas carcelarias: Efesios, Filipenses, Colosenses y Filemón, Manual del estudiante* (Fe y Acción, 2018), p. 129.

42. La sinopsis ha sido tomada de Rotten Tomatoes (https://www.rottentomatoes.com/m/saving_private_ryan).

43. Elliot Ritzema, ed., *300 citas para predicadores de la iglesia temprana* (Bellingham, WA: Lexham Press, 2013).

44. Carro, D., Poe, J. T., Zorzoli, R. O., *Comentario bíblico mundo hispano Gálatas, Efesios, Filipenses, Colosenses, y Filemón* (El Paso, TX: Editorial Mundo Hispano, 1993), p. 206.

45. Juan J. Varela, *Tu identidad sí importa: Ser hombre identificando, definiendo, afirmando* (Barcelona: Editorial CLIE, 2014), pp. 214-215.

46. Claudionor Correa de Andrade, *Diccionario Teológico: Un suplemento biográfico de los grandes teólogos y pensadores* (Editorial Patmos, 2002), p. 31.

47. Diccionario de la lengua española. Definición de «bondad». Consultado el 15 de julio de 2025. https://dle.rae.es/bondad?m=form

48. Mary Beeke, *La enseñanza de la bondad: Sirva con el corazón y con sus manos* (Graham, NC: Publicaciones Faro de Gracia, 2007).

49. *Ibid.*

50. *Diccionario del español actual.* Definición de «rencor». Consultado el 15 de julio de 2025. https://www.fbbva.es/diccionario/rencor/

51. Rick Brannan, *Léxico Lexham de la Biblia Hebrea* (Lexham Press, 2020).

52. David Atkinson, *El Mensaje de Génesis 1–11: Los albores de la creación* (Editorial Andamio, 2010), pp. 90-91.

53. Tony Evans, *Un hombre del reino: El destino de todo hombre, el sueño de toda mujer* (Carol Stream, IL: Tyndale House Publishers, Inc., 2013), p. 108.
54. Evans, p. 109.
55. Brannan.
56. Tony Evans y Chrystal Evans Hurst, *Una mujer del reino: Acepte su propósito, su poder y sus posibilidades* (Carol Stream, IL: Tyndale House Publishers, Inc., 2013).
57. Jorge Maldonado, *Fundamentos bíblico-teológicos del matrimonio y la familia* (Grand Rapids, MI: Libros Desafío,1995), p. 56.
58. Tony Evans y Chrystal Evans Hurst.
59. Jorge Maldonado, p. 56.
60. *pasividad.* (s/f). Thefreedictionary.com. Consultado el 19 de junio del 2025, de https://es.thefreedictionary.com/pasividad.
61. Virgilio Zaballos, de https://virgiliozaballos.es/
62. Diana. (2021, agosto 29). *¿Qué significa pasividad?* Ejemplos. https://ejemplos.net/que-significa-pasividad/.
63. Larry Crabb, *El silencio de Adán: Cómo convertirse en hombres de valor en un mundo de caos* (Editorial Unilit, 2012).
64. Juan J. Varela, pp. 126-127.
65. Arthur Pink, *Gleanings in Genesis*, (Moody Pub, 1922), p. 44.
66. Daniel Darling. (s.f.). «El poder de la fe de un padre». Biblia Work. https://www.biblia.work/articulos/el-poder-de-la-fe-de-un-padre/
67. Darling.
68. Darling.
69. *Ibid.*
70. *Ibid.*
71. *Ibid.*
72. Waylon, p. xviii.
73. Waylon, p. 77-78.
74. David Blankenhorn, *Fatherless America: Confronting our most Urgent Social Problem* (Nueva York: Harper Perennial, 1995), p. 1.
75. *Ibid*, p. 2.
76. Melissa Byers (s.f.). «The Father Absence Crisis [Infographic]». National Fatherhood Initiative. Recuperado el 24 de junio de 2025, de https://www.fatherhood.org/championing-fatherhood/the-father-absence-crisis-infographic
77. *Ibid.*
78. Glenn T. Stanton. (24 de mayo de 2024). *¿Los niños criados por dos madres realmente estarán bien?* Enfoque a la Familia. https://www.enfoquealafamilia.com/crianza/los-ninos-criados-por-dos-madres-realmente-estaran-bien/
79. Paul R. Amato y Fernando Rivera, «Paternal Involvement and Children's Behavior Problems», *Journal of Marriage and the Family*, n.o 61 (1999).
80. Ronald P. Rohner y A. Veneziano, «The Importance of Father Love: History and Contemporary Evidence», *Review of General Psychology* (2001).
81. Frank Furstenberg y Kathleen Harris, «When and Why Fathers Matter: Impacts of Father Involvement on Children of Adolescent Mothers», en *Young Unwed Fathers: Changing Roles and Emerging Policies*, R. Lerman y T. Ooms, eds. (Filadelfia: Temple University Press, 1993).

82. Richard Koestner, *et al.*, «The Family Origins of Empathic Concern: A Twenty-Six Year Longitudinal Study», *Journal of Personality and Social Psychology*, n.o 58 (1990).

83. Analía Llorente. (Junio 2020). «Día del Padre: Sonora Smart Dodd, la multifacética mujer que creó la celebración». Consultado el 16 de julio de 2025. https://www.bbc.com/mundo/noticias-53102384.

84. Carolina Martínez. (19 de marzo del 2022). *¿Por qué se celebra hoy el Día del Padre en España y no en otros países? La fecha exacta según dónde vivas.* LOS40. https://los40.com/los40/2022/03/19/actualidad/1647683636_942000.html

85. Definición de padre. (5 de enero del 2024). Definiciona.com. Recuperado el 25 de junio del 2025, de https://definiciona.com/padre/

86. Myles Munroe, *The Fatherhood Principle: Priority, Position and the Role of the Male* (Nueva Kensington, PA: Whitaker House, 2008).

87. Danny Huerta (29 de junio del 2022). *Los Padres Importan: La Trascendencia de un Padre.* Enfoque a la Familia. Recuperado el 25 de junio del 2025, de https://www.enfoquealafamilia.com/sin-categoria/los-padres-importan-la-importancia-de-un-padre/.

88. Juan Armando Corbin. (Nov. 2016. Actualizado enero 2025). Psicología y mente. «Las 110 mejores frases de Sigmund Freud y el psicoanálisis». Consultado el 16 de julio de 2025. https://psicologiaymente.com/reflexiones/frases-de-sigmund-freud-psicoanalisis.